당신의 끝은
그 회사가 아니다

당신의 끝은 그 회사가 아니다

불확실한 환경에서 나를 지키고
커리어를 성장시키는 이직 전략

2021년 9월 3일　　초판 1쇄 인쇄
2021년 9월 10일　초판 1쇄 발행

지은이　송진우
디자인　기민주
펴낸곳　왓어북
펴낸이　안유정

신고번호　제2021-000024호
이메일　wataboog@gmail.com
팩스　02-6280-2932

ISBN　979-11-975706-0-5 03320

당신의 끝은
그 회사가 아니다

불확실한 환경에서 나를 지키고
커리어를 성장시키는 이직 전략

송진우 지음

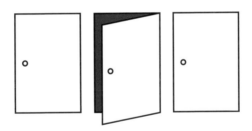

왓어북

머리말

〈당신의 끝은 그 회사가 아니다〉라는 제목처럼 사회 생활을 시작하고 여러 번 이직을 했다. 이직할 때마다 세 가지 생각이 들었던 것 같다. 첫 번째는 정들었던 동료 및 상사에 대한 미안함과 고마움, 두 번째는 다른 사람들은 한 직장을 꾸준히 다니는데 나는 계속 옮겨다니니 조직 부적응자인가 하는 스스로에 대한 의문, 마지막으로 이렇게 제 짝을 찾아나서듯 여러 번 옮겨보면 언젠가는 행복하게 일할 수 있는 직장을 찾을 수 있을 것이라는 희망.

이 중 마지막 생각은 점점 확신으로 다가왔고, 내가 즐기며 할 수 있는 일을 찾아가는 과정에서 이직 경험이 쌓이게 되었다. 주변 지인들에게 이러한 경험을 나누며 '이직 썰'을 풀다보니 머릿속에 나름대로 이직 노하우가 정리되었다. 그리고 지인들이 이직할 때 내가 해준 조언이 도움되는 것을 지켜보면서 시간이 날 때마다 글쓰기 플랫폼인 '브런치'에 이직 관련 팁을 올렸고, 많은 독자 분이 긍정적인 의견을 보내주셔서 책으로 출간하기로 마음을 먹었다.

이 책의 내용은 커리어 설계 및 이직에 대한 절대적인 답이 될 수는 없을 것이다. 그럼에도 불구하고 용기내어 책을 출간하는 이유는 이 내용이 누군가에게는 조금이라도 도움이 될 수 있을 것이라는 기대 때문이다. 이 책을 구매하신 독자 분들의 귀한 시간과 돈이 아깝지 않도록 커리어 설계와 이직에 대한 팁을 되도록 쉽고 자세하게 설명했다. 그리고 스스로 내용을 소화하고 자신의 상황에 적용해볼 수 있도록 셀프 체크 코너를 마련해 이 책을 조금 더 주도적으로 이용할 수 있도록 만들었다. 모쪼록 단 한 분이라도 이 책을 읽고 조금이라도 도움을 받는다면 이 책은 세상에 나온 보람이 있을 것이다.

출간 기획부터 편집, 디자인, 최종 교정까지 세심하게 이끌어주신 안유정 대표님께 먼저 감사의 말씀을 전하고 싶다. 그리고 직장 생활을 하면서 내게 조언과 영감을 준 많은 직장 동료, 선후배, 그리고 친구들에게 감사를 드리고 싶다. 지인들이 다양한 사례를 공유해주고 통찰력을 나눠주지 않았다면 이 책은 나오지 못했을 것이다.

좋은 롤모델이 되어주시고 조용한 신뢰로 응원해주시는 아버지와 어머니께 감사의 말씀을 전한다. 그리고 기도로 응원해주시는 장인 장모님께 감사드리고, 무엇보다 나의 노마드 인생에 함께해주고 따뜻한 안식처가 되어준 사랑하는 아내와 딸 예원이와 아들 준원이에게 고마움과 미안함을 표하고 싶다.

2021년 9월 송진우

"자네, 왜 이직을 하려 하는가"

평생직장 개념이 없어지면서 이직은 직장인들이 언젠가는 거쳐야 할 통과의례가 되어가고 있다. 주된 이직 사유로 직장 상사와의 관계, 조직문화, 연봉, 직급에 대한 불만족 등이 있다. 하지만 막상 옮긴 회사에서 상사와의 관계가 괜찮고, 조직문화도 좋으며, 연봉과 직급이 더 나아졌더라도 이직을 후회하는 경우가 있다. 보통 왜 이직을 해야 하는지 깊이 고민하지 않은 경우가 이에 해당한다. 이런 사람들은 조금 있다가 또 이직을 준비하게 된다.

이렇게 뚜렷한 목적 없이 이직을 반복하면 '습관성 이직'이 되기 십상이다. 습관성 이직의 반대말은 '전략적 이직'이다. 장기에 비유하면 습관성 이직은 상대방의 수에 단순 대응하는 것이고 전략적 이직은 몇 수를 앞서서 내다본 뒤 행동하는 신중하고 계획적인 움직임이다.

그렇다면 전략적 이직을 위해서는 어떤 고민이 필요할까? 내 개인적인 경험을 공유해보겠다. 이직을 적게 한 편은 아니라서 면접 때마다 다음과 같은 질문을 많이 받는다.

"이력서를 보니 직장을 자주 옮기셨던데, 왜 그렇게 자주 옮기셨나요?"

그럴 때마다 나는 다음과 같이 대답했다.

"그동안 다양한 업무를 하면서 빨리 성장하고 싶었습니다. 그래서 정체되어 있다는 생각이 들 때, 그리고 성장할 수 있거나 뭔가 배울 수 있는 기회가 있을 때마다 이에 도전했습니다. 이에 따라 이직을 자주 했으나 후회하지 않습니다. 그동안 여러 회사를 거치며 역량을 신장시켰기 때문에 현재 해당 포지션에 지원할 수 있다고 생각합니다."

약간 도전적인 답변이긴 하지만 면접관들은 대부분 수긍했다. 이들이 수긍한다는 것은 이직에 있어서 많은 사람이 중요하게 생각하는 무엇인가가 있다는 뜻이다. 바로 '성장'이다.

나는 직장을 옮길 때마다 새로운 회사에서 무엇을 배울 수 있을지, 여기서 쌓는 경험이 나를 얼마나 성장시킬 것인지 신중히 고민했다. 그런 뒤의 결과는 굉장히 만족스러웠다. 이직한 회사에서 매번 새 업무를 배우고 적응하는 것이 쉽지는 않았지만 한 회사만 꾸준히 다니는 친구들에 비해 더 의미 있는 경험을 할 수 있었고 매번 성장하는 내 모습에 뿌듯함도 느꼈다.

주요 대학의 학과 및 행정 체계 재편 프로젝트를 통해 조직이 큰 변화 속에서 어떻게 움직이는지 배울 수 있었고, 주요 건설 현장의 생산성 개선 프로젝트를 통해 어느 조직에나 비효율성은 존재하며 이를 구조적으로 개선하면 30% 이상의 생산성 증가를 이룰 수 있다는 것을 직접 확인했다. 이 과정은 육체적·정신적으로 힘들었지만 이때 느낀 성취감과 배움은 돈으로도 살 수 없는 경험이 되었다.

반대로 회사에서 의미 없는 업무를 억지로 할 때 업무 몰입감은 급속도로 떨어졌다. 정시 퇴근이 보장되고 업무 스트레스가 크지 않아도 이유 모를 불안과 우울이 찾아왔다. 유럽에서 근무할 때는 워라밸이 너무나 좋았지만 일에 대한 긴장감과 몰입도가 떨어져서 회사에서 이유 없이 멍해질 때도 있었다. 처음에는 '과연 이렇게 월급 받아도 되나'라는 생각이 들면서 회사에 미안했고, 그러다가 미안함은 사라지고 만사가 귀찮아졌다. 목표 의식 없는 출근길에서 방황했고 업무와 관련 없는 일들을 생각하며 소일하는 것도 지겨워졌다.

이렇게 성장이 정체된 채로 시간을 허비하다 보니 이 회사를 벗어나 다른 곳에서 일할 자신이 점점 없어졌고, 내 의지와 상관없이 이회사에 붙어 있어야만 살 수 있는 인생이 될 것 같았다. 이러한 정체의 늪에 완전히 빠지기 전에 이직을 결심했고, 성장의 갈증을 채워줄 수 있는 컨설팅 회사로 이직하면서 한국에 들어오게 되었다. 그리고 이직한 회사에서의 성장은 내게 큰 동기부여가 되었다.

이직의 주요 목적에는 더 나은 연봉 및 직급, 워라밸, 기업 브랜드, 기업문화 등 여러 가지가 있다. 그러나 나는 감히 말하고 싶다. 이직의 핵심 목적은 '개인의 성장'이어야 한다고. 앞서 말한 요소들은 성장의 결과물로 자연스럽게 따라오기 때문이다.

개인이 성장해 실력을 쌓으면 더 높은 연봉을 받고 더 많은 선택권을 얻을 것이다. 실력 있는 인재는 일자리를 수월하게 찾을 수 있기 때문에 굳이 한 고용주에게 묶여 있을 필요가 없다. 노동의 대가로 밥벌이를 하는 자본주의사회에서는 개인의 실력이 자신을 더 자유롭게 해줄 수 있는 무기가 된다.

직장인들은 젊은 사자가 사냥감을 쫓듯 성장의 기회를 찾아다녀야 한다. 통장에 꼬박꼬박 꽂히는 월급에 익숙해지면 타성에 젖을 수밖에 없다. "변하지 않으면 변질된다"라는 말처럼 변해야 성장의 기회가 생기고, 성장을 해야 더 많은 기회가 찾아온다.

물론 이직을 통해서만 성장의 기회가 생기는 것은 아니다. 하지만 일부 혁신적인 기업을 제외한 일반 기업에서는 성장의 기회가 드물고, 자연히 직원들도 스스로 성장을 멈추는 경우가 많다. 그런 이들에게 이직은 성장을 촉진하는 자극제가 될 수 있다.

이직은 조직 부적응의 결과가 아니라 성장을 위한 몸부림이다. 나는 성장을 위해 회사를 옮겨다니는 이들을 커리어 노마드(Career Nomad)라고 부른다. 말 그대로 이들은 마치 유목민이 가축을 데리고 이곳저곳을 이동하듯 커리어를 성장시킬 곳을 찾아 직장을 돌아다닌다.

앞으로 커리어 노마드는 점점 더 많아질 것이다. 성장할 수 있는 회사를 찾아다니는 것은 직장인들의 권리이며, 이를 실행에 옮기는 모습이 바람직하다고 생각한다. 기성 세대들은 직장을 옮기는 젊은 세대가 참을성이 없고 조직에 대한 애정이 결여되어 있다고 지적하곤 한다. 하지만 현재 직장에서 성장이 어려울 것이라 판단되면 과감하게 다른 곳으로 옮겨야 한다. 이직을 통해 다양한 경험을 할 수 있을 뿐 아니라 삼인행필유아사언(三人行必有我師焉, 세 사람이 길을 가면 그중 내 스승이 될 만한 사람이 반드시 있다는 의미)이라는 말처럼 여러 직장에서 다양한 상사, 동기, 후배들로부터 많은 것을 배울 수 있기 때문이다.

또한 커리어 노마드가 많아질수록 조직문화는 점점 합리적이고 상식적으로 발전한다. 흔히 말하는 '꼰대' 문화를 가진 회사에서는 인재들이 오래 버티지 못하기 때문이다. 커리어 노마드가 흔해지는 시대가 오면 회사는 인재들을 붙잡기 위해서라도 조직문화를 개선하려고 노력할 것이다. 커리어 노마드 시대에 능력 있는 직원은 회사가 이용하고 군림하는 대상이 아니라 '잘 모셔야 하는 대상'이 되기 때문이다.

유목민들이 유목에 최적화된 기술과 도구를 갖추듯, 커리어 노마드들도 성공적인 이직을 위한 기술과 도구가 필요하다. 이제부터는 그동안 내가 경험하고 지인들을 통해 관찰한 사례들에 기반해 커리어 노마드를 위한 실질적인 이직 가이드를 제공하고자 한다.

· 차례 ·

머릿말   **4**

들어가며   **6**

PART 1 | 이직의 시대, 당신의 커리어는 제대로 가고 있습니까   **17**

01 | 당신의 가치는 얼마입니까   **19**

공부로 다 이룰 수 있던 시절은 갔다 / 회사에서 인정받는 스펙은 '업무 실력' / 실무 경험이 직장인의 가치를 높인다

02 | 현재 직급에서 필요한 현실적인 능력은?   **25**

회사가 요구하는 능력은 직급별로 다르다 / 스펙은 예선전과 같다: 사원~대리 직급 / 업무 실력으로 말한다: 과장~차장 직급 / 팀의 성과로 능력을 말한다: 부장 및 팀장 직급

SELF-CHECK TIME! 이직에 앞서 생각해볼 사항들

| PART 2 | 성공하는 이직은 시작점부터 다르다 | 39 |

01 | 생각보다 많은 사람이 이직 후 후회한다   **41**

옮기는 것만이 능사는 아니다 / 달리는 호랑이의 등에 올라타라: 사업의 성장성 / '일잘러'로 인정받을 수 있는가: 성과 창출 가능성 / 미래에 팔릴 만한 경험인가: 업무의 시장성 / 후회 없는 이직을 위한 고려 조건

02 | 꿈을 현실로 만드는 이직 전략   **53**

커리어 매직 카펫을 타고 원하는 회사로 가보자 / 회사 내 부서 이동 후 전문성을 통해 타 산업으로 이직 / 전문성을 통해 타 산업 이직 후 회사 내 희망 부서로 이동 / 커리어 매직 카펫의 핵심은 업무 경험과 산업 경험

03 | 이 안에 다 있다, 이직 패턴 다섯 가지   **61**

남들이 부러워하는 이직 사례들 / 나만의 무기를 갈고닦자: 업무 전문성을 활용한 이직 / 이직 시 각별히 주의할 사항들 / 그 물에서 놀아본 사람이 유리하다: 산업 전문성을 활용한 이직 / 을에서 갑 회사로 옮겨보자: 특정 산업의 가치사슬을 활용한 이직 / 전문직의 강점을 살려 옮기자: 전문 서비스 경험을 활용한 이직 / 지인 찬스를 이용한다: 지인 네트워크를 활용한 이직

SELF-CHECK TIME! 회사 분석 & 이직 전략 수립

PART 3 · 까다로운 첫 관문, 서류 합격하기 — 87

01 | 채용 담당자 눈에 드는 이력서 쓰는 법 — 89

이력서 쓸 때 지켜야 할 다섯 가지 / 객관적인 성과를 제시해 신뢰성을 부여한다 / '그들이 원하는' 경험과 성취 위주로 나열한다 / 성과를 돋보이게 하는 구체적 사례를 제시한다 / 영문 이력서 작성 시 알아두면 좋을 팁 / 커리어의 흐름을 한눈에 보이게 구조화한다 / 완결성에 신경 쓴다: 문법, 표현 방식, 디자인

02 | 알면 쉬워지는 이력서 작성 팁 — 108

나만의 특장점 정의 / 매력을 한껏 보여줘 담당자의 마음을 사로잡자 / 4C의 원칙을 지켜 나만의 특장점을 정의하자

03 | 스토리 라인을 살려 업무 성과 어필하기 — 118

CAR을 기억하자 / 매력적인 스토리 라인 만들기 / 성과를 효과적으로 자랑하는 법

04 | 외국계 회사 지원 시 알아두자, 커버레터 작성하기 — 125

커버레터란 무엇인가 / 외국계 기업은 커버레터가 필수일까? / 커버레터는 어떻게 써야 할까? / 커버레터와 자기소개서는 어떻게 다를까?

SELF-CHECK TIME! 이력서에 쓸 재료 만들기

PART 4 · 면접에서 승률을 높이는 몇 가지 비법 — 141

01 | 면접에서 어떻게 하면 합격할 수 있을까? — 143

이직의 마지막 관문, 면접에서 승리하자 / '안 되면 말고'의 마음으로 당당하게 임하라 / '왜 나를 꼭 뽑아야 하는지' 간결하고 인상적으로 전달하라 / 기다리게 하지 말고 두괄식으로 말하라 / 이직에 진심이라는 것을 질문을 통해 어필하라 / 스토리와 키워드를 활용해 면접관의 기억에 남아라 / 면접 후 팔로업(follow-up) 이메일을 보내라

SELF-CHECK TIME! 면접에 앞서 반드시 준비할 답변들

PART 5	어렵지만 불가능하지 않다 목표 연봉을 사수하자	159

01 | 회사는 당신의 연봉을 낮추고 싶어한다   161

연봉협상 시 매번 패배하는 이유 / 당신의 연봉을 낮추려는 회사의 전략 / 작년 원천징수영수증 기준으로 베이스 라인 잡기 / 사이닝 보너스를 전체 연봉에 포함 / 비금전적 가치를 연봉에 포함 / 성과급 최상의 경우를 가정한 연봉 제시 / 동일 직급 사람들과의 형평성 언급

02 | 연봉협상에도 전략이 필요하다, 연봉협상 10계명   174

왜 우리는 연봉협상에 소극적일까? / 제1계명: 시장 조사를 반드시 하라 / 제2계명: 기대 연봉의 최소값과 최대값을 정하라 / 제3계명: 자신의 강점을 명확히 밝히고 수치화하라 / 제4계명: 연봉은 분명한 하나의 숫자로 말하라 / 제5계명: 다른 대안을 만들고 이를 이용하라 / 제6계명: 최소 희망 연봉을 먼저 말하지 말라 / 제7계명: 연봉 상승률을 고려하라 / 제8계명: 기회비용을 고려하라 / 제9계명: 뭔가 잃었다면 반드시 다른 것을 얻어라 / 제10계명: 부가적인 혜택을 만들어라

`SELF-CHECK TIME!` 연봉협상에 앞서 고민해보자

PART 6	이직을 완성시키는 이직 후 90일 플랜	203

01 | 이직 후 90일이 중요하다, 연착륙을 위한 작전   205

합격만 하면 끝? 적응을 해야 진정한 이직의 완성 / 이직 후 0~30일: 내가 누구인지 알려라 / 이직 후 0~45일: 내게 주어진 기대치를 확인하고 관리하라 / 이직 후 10~30일: 사내 절차 및 프로세스를 숙지하라 / 이직 후 30~60일: 조직 내 역학관계를 눈치껏 파악하라 / 이직 후 30~90일: 회사 내부에 우호적인 관계를 쌓아라 / 이직 후 60~90일: 조기에 성과를 내라

`SELF-CHECK TIME!` 이직 후 90일 플랜 체크리스트

마무리하며   228

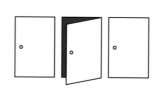

이직의 시대,
당신의 커리어는
제대로 가고 있습니까

당신의 가치는
얼마입니까

공부로 다 이룰 수 있던
시절은 갔다

"너, 나 홀려봐. 홀려서 널 팔아보라고. 너의 뭘 팔 수 있어?"
— 드라마 〈미생〉에서 오 과장이 장그래에게 처음 던진 질문

　　많은 직장인들이 어떻게 하면 자신의 경쟁력, 즉 가치를 높일 수 있을지 고민한다. 시간을 쪼개 어학 공부를 하고, MBA 학위를 취득하고, 업무 관련 기술을 배우고, 자격증을 따러 학원에 다닌다. 학창 시절부터 시작된 이놈의 공부는 직장인이 되어서도 끝날 기미가 보이지 않는다.

그러나 요새 직장인들의 가치를 높이려는 노력을 보면 스펙 쌓기에 다소 편중된 건 아닌가 하는 생각이 든다.

"CFA 자격증을 따면 어느 분야로 이직할 수 있을까요?"

"회계 담당자인데 AICPA를 따면 커리어에 도움이 될까요?"

"30대 중반인데 MBA 학위를 받으러 유학 가는 게 옳은 선택일까요?"

커리어 관련 게시판에서 종종 보이는 질문이다. 회사에 다니며 이렇게 스펙을 쌓아서 경쟁력을 높일 수 있다면 다행이다. 그러나 쏟은 노력에 비해 결과가 미흡하다면 금전적·시간적 손해는 물론 정신적인 타격마저 받게 된다. 이렇게 추가 스펙을 쌓았지만 바라던 결과에 못 미치는 경우는 안타깝게도 주변에서 흔히 볼 수 있다. 과연 직장인들이 자신의 경쟁력을 높이는 방법은 공부, 즉 스펙 쌓기밖에 없는 것일까?

나는 15년 동안 컨설팅업에 종사하며 30여 개의 기업과 일했다. 또한 사모펀드에 재직하면서 관리 대상 기업의 파견 임원으로서 주요 임직원들의 승진·전배·퇴임을 관찰했다. 워낙 많은 산업군에서 다양한 사람들을 만나다 보니 조직에서 성공하는 사람과 그렇지 않은 사람을 많이 접했고, 자연히 조직에서 성공하는 사람들을 눈여겨 보게 되었다.

조직에서 성공하는 이들의 스토리는 다양했지만 크게 보면 비슷한 패턴이 있었다. 그 패턴을 가만히 보니 직장에서 성공적인 직장인들의 특징을 몇 가지로 정리해볼 수 있었다. 지금부터 그 특징들을 간단히 살펴보려 한다.

회사에서 인정받는
스펙은 '업무 실력'

다양한 기업에서 사람들을 만나볼수록 스펙이 좋다고 꼭 일을 잘하는 것은 아니라는 사실을 깨닫는다. 학력, 어학 실력, 자격증 등은 입사를 위한 조건일 뿐이다. 도리어 자신의 고스펙에 도취되어 특권 의식만 갖고 성장을 멈춘 사람들도 간혹 볼 수 있다. 반대로 스펙은 변변치 않지만 일머리가 좋고 일의 단도리(꼼꼼하게 일을 처리하는 것)를 잘하는 사람이 조직에서 핵심 인재로 인정받아 롱런하는 경우도 꽤 많다.

내가 아는 국내 모 중공업의 전설적인 임원의 사례가 있다. 이분은 고등학교를 졸업하자마자 용접공으로 직장 생활을 시작했다. 용접을 매우 잘해서 일을 시작한 지 얼마 되지 않아 반장, 그리고 직장으로 승진했고 배관 및 보온 업무에서도 발군의 실력을 발휘했다. 그는 꼼꼼한 일처리, 성실한 태도, 완벽한 일 마무리로 프로젝트에서 난제가 생길 때마다 해결사 역할을 했고, 실력을 인정받아 임원으로 승진해

장기간 재직하고 있다. 당시 이분과 일하면서 오랜 경험에서 우러나오는 지혜와 추진력에 감탄했다.

　스펙이 낮아 회사에서 위축되거나 자신감이 없는 사람이라면 그럴 필요가 없다고 강조하고 싶다. 회사에서는 결국 일 잘하는 사람이 대접받지 스펙 좋은 사람이 대접받지 않는다. 그리고 연차가 쌓일수록 출신 배경이나 학교는 고려 대상에서 멀어진다. 당신이 회사에서 어떤 일을 했고 어떤 사람인가에 더 관심이 많을 수밖에 없기 때문이다. 회사에서 업무 실력을 쌓아 높은 실적을 낸다면 그것이 최고의 스펙이 될 것이다.

실무 경험이
직장인의 가치를 높인다

　시간이 갈수록 회사에서 어떤 일을 경험했느냐가 중요하다. 이 사실을 절실히 깨닫게 된 계기가 있다. 몇 년 전 글로벌 초콜릿 회사의 전략 임원 자리 최종 면접에서 떨어졌다. 충격이 적잖았다. 채용 담당자 및 주요 임원 면접까지 일사천리로 진행되었고 회사의 반응도 괜찮았다. 문제는 마지막 외국인 사장 면접이었다. 이때 받았던 의미심장한 질문이 아직도 생생히 기억난다.

"오케이, 다 좋아요. 한국에서의 영업 전략 개선 인사이트가 있는 것도, 비슷한 프로젝트 경험이 있는 것도 마음에 들어요. 그런데 한국 시장에서 직접 식품을 판매한 경험이 있나요? 식품을 판매해 매출을 일으키고 이익을 창출한 실무 경험 말입니다."

내게는 그런 실무 경험이 없었다. 이를 사실대로 말하면서 간접 경험을 덧붙였다.

"현업 담당으로서 식품을 팔아 직접적으로 매출이나 이익을 창출한 적은 없습니다. 그러나 영국에서 일할 때 글로벌 기업의 유럽본부에서 마케팅 전략을 담당해 고객사의 매출 및 이익을 발생시킨 간접 경험은 있습니다."

이렇게 면접이 끝났다. 얼마 후 나는 마지막 사장 면접에서 탈락했다는 사실을 통고받았다. 담당 헤드헌터는 이렇게 말했다.

"사실 A사에서는 지원자님을 굉장히 마음에 들어하고 훌륭한 인재라고 생각했습니다. 하지만 직접적인 실무 경험이 없다는 점 때문에 임원 직급에는 적합하지 않다고 판단해서 다른 분을 채용하기로 했습니다."

나름대로 좋은 스펙을 갖추고 최고의 컨설팅 회사에서 경력을 쌓았는데 이렇게 떨어지다니, 허무했다. 그러면서 그 허무함 근저에 어떤 마음이 깔려 있는지 스스로를 가만히 돌아봤다. 그곳에는 '좋은 스펙이면 어디든지 합격할 수 있을 것'이라는 자신감이 있었다. 하지만 현실에서는 화려한 스펙보다 실제로 성과를 낸 실무 경험이 더 중요했다.

나는 현실을 인정하게 되었다. 서울대 수석, 고시 몇 관왕, 아이비리그 MBA 등 스펙 끝판왕보다는 실제 지원하는 분야의 일을 해보고 뚜렷한 성과를 창출한 사람이 더 높은 곳으로 갈 수 있다는 사실을. 이후 나는 스펙 쌓기를 멈추고 한시라도 빨리 유의미한 경험을 하기로 마음먹었다.

현실적으로 스펙 쌓기는 30대 중반까지가 한계인 것 같다. 그 이후에는 스펙을 쌓더라도 ROI(투자대비수익)가 잘 안 나온다. 가끔 주위에서 30대 후반에 MBA를 취득하러 갈지 말지 고민하는데, 난 이들에게 다음과 같은 기준을 제시하며 말한다. 쉴 겸 영어 공부를 하거나, 회사에서 지원해줘서 가거나, 돈이 많아서 자기 만족을 위한 경우를 제외하고는 가지 않는 것이 좋다고. 30대 중반부터는 이러한 학위보다는 의미 있는 경험을 쌓는 것이 훨씬 도움이 된다.

현재 직급에서 필요한
현실적인 능력은?

회사가 요구하는 능력은
직급별로 다르다

　직장인의 가치를 판단하는 기준에는 보통 세 가지 요소가 있다. 바로 스펙, 업무 실적, 리더십이다. 세 가지 요소의 비중은 시간의 흐름과 경력에 따라 달라진다. 그림1.1은 회사에서 직급별로 가치 있는 인재를 어떤 기준으로 판단하는지 보여준다. 물론 기업의 문화나 업태에 따라 조금씩 다를 수는 있지만 대부분의 회사에 적용되는 모델일 것이다.

　보통 학력, 어학 점수, 자격증 등으로 대표되는 스펙은 신입 직급에서 중요한 요소다. 그러나 직급이 높아질수록 스펙의 비중은 낮아

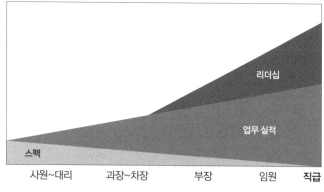

그림1.1 기업에서의 직급별 가치 기준

진다. 대신 회사에서 달성한 실적의 비중이 급격히 높아진다. 중간 직급쯤 되면 스펙이 어떤지 물어보는 사람은 거의 없다. "그 팀 박 과장 일 잘해? 작년 실적이 어땠어?"라는 질문이 박 과장의 가치를 평가하는 기준이 된다.

중간 직급에서 실적이 직원의 가치를 판단하는 데 핵심 요소가 된다면, 그 이상의 직급에서는 실적도 중요하지만 리더십의 비중이 높아진다. 이 직급은 아무리 실적이 좋더라도 함께 일하는 직원들이 싫어하거나 사내에서 평판이 좋지 않으면 가치를 지속적으로 유지하기 힘들다.

그렇다면 이제 기업에서 직급별로 요구하는 핵심 요소와 이에 따른 이직 전략에 대해 살펴보려 한다.

스펙은 예선전과 같다

: 사원~대리 직급

"어느 대학 나왔어요?"

"전공이 뭐예요?"

"인턴십은 어디에서 했어요?"

"영어 잘해요?"

사원~대리급이 자주 받는 질문이다. 입사 초기에는 스펙으로 그 사람의 가치를 판단할 수밖에 없다. 회사에서는 아직 당신에 대해 아는 것이 별로 없다. 안다고 해봐야 출신 학교, 전공, 인턴 경험 정도이다. 회사는 제한된 정보를 기반으로 업무를 배치할 수밖에 없다. 보통 입사자 중 어문계열은 해외사업이나 영업 쪽으로, 상경계열은 재무나 회계 부서로 발령을 보낸다. 이 과정에서 당신의 스펙이 좋으면 좋을수록 해당 부서는 당신을 더 반길 것이다. 쉽게 말해 스펙이 좋으면 처음부터 유리한 면이 있다.

하지만 스펙의 효용은 딱 여기까지다. 이 시점에서 더 중요한 것은 당신의 스펙을 보고 형성된 팀 내의 기대 수준을 충족시키는 것이다. 따라서 한시라도 빨리 성과를 내서 기대를 충족시킬 수 있다면 좋겠지만, 보통 이 시기에는 옆에서 배우는 시간이 더 많다. 그래서 이 시기에는 좋은 첫인상과 평판을 남기는 것이 매우 중요하다.

좋은 평판을 남기려면 기본적인 예절 및 태도를 잘 갖춰야 한다. 지각하지 말기, 맡은 일 성실하게 처리하기, 모르는 점이 있으면 물어보고 배우기, 일을 적극적으로 찾아 하면서 돕기 등 회사에서는 이 직급에게 기본적인 것들을 바란다. 이 시기에 기본적인 것만 잘하고 큰 문제를 일으키지 않으면 좋은 평판을 쌓을 수 있다. 이렇게 하면서 어느 정도 시간이 지나면 선배들로부터 신뢰를 받게 되고 혼자 할 수 있는 일이 하나둘씩 주어지기 시작한다. 이런 식으로 조금씩 실무를 익히고 시간이 지나면서 자신의 업무 영역이 생긴다.

더불어, 이 시기에 이직도 자주 일어난다. 어려운 신입사원 공채 전형을 뚫고 입사했는데 1~2년 차에 회사를 나가는 경우를 적지 않게 보게 된다. 이 시기에 맞는 이직 전략은 딱히 없다. 경력직으로 이직하기에는 직장 경력이 너무 짧기 때문에 신입으로 입사하는 것과 비슷하다고 보면 된다.

처음 하는 직장 생활이다 보니 내게 맞는 직장 문화와 업무 스타일, 내가 감당할 수 있는 직장 내 인간관계의 무게가 예상했던 것과 다를 수 있다. 따라서 입사한 회사가 본인에게 맞지 않다고 생각하면 과감히 포기하고 다른 직장을 찾아보는 것도 방법이다. 식물마다 잘 자랄 수 있는 토양이 다르듯, 내가 잘 성장할 수 있는 직장의 토양이 다를 수 있다. 나와 맞지 않는 토양에 뿌리를 내리기 전에 이직을 통해 나와 맞는 토양을 찾는 것은 장기적인 커리어를 위해 현명한 선택이라고 할 수 있다.

업무 실력으로 말한다
: 과장~차장 직급

과장~차장 직급이 되면 스펙이 이전만큼 크게 중요하지 않다. 이들은 조직에서 허리 역할을 하며 업무 실적으로 평가받는다. 이 직급이 되면 실적 압박이 서서히 들어오며 부장 직급과 손발을 맞춰 실적을 내야 한다. 이제 당신의 스펙을 기억하는 사람은 많지 않다. 업무 실력이 최고의 스펙이 되는 게 이 시기다.

중요한 사실은 이 시기부터 회사의 인사부서는 직원들의 옥석구분을 하기 시작한다는 것이다. 조직 충성도, 업무 태도, 성과, 조직 내 관계 등을 종합적으로 평가해 될성부른 떡잎을 가린다. 그렇기 때문에 조직에서 오랫동안 인정받으려면 이 시기에 반드시 좋은 평판을 얻어야 한다.

또한 조직의 중간관리자로 입문하는 시기이므로 조직 내에서 리더십을 배우고 관리자의 역할을 고민하게 된다. 사내 정치까지는 아니어도 따르게 되는 임원이 생기고 나를 이끌어주는 임원이 생긴다. 이 시기부터는 작은 실수 이상의 사고를 저지르면 위험해진다. 경미한 수준의 실수는 용서가 되지만 팀 전체 성과에 저해가 되는 실수를 하면 부정적 평가를 받게 된다. 만약 실수를 범하더라도 반드시 '실수를 통해 성장하고 있다'라는 메시지를 주는 것이 필요하다.

이 직급은 이직 시장에서 수요가 가장 많은 직급이기도 하다. 과장·차장급은 바로 실무에 투입할 수 있고 어느 정도 기본기가 검증되어 있기 때문이다. 이 시기 이직을 하겠다고 마음먹으면 기회는 많이 열려 있다. 하지만 기회가 많은 만큼 신중하게 선택하는 것이 중요하다. 추후 자세히 말하겠지만 이 시기의 이직은 본인이 성장할 수 있는 곳, 성과를 낼 수 있는 곳, 그리고 해당 경험들이 시장의 희소성을 갖는 곳을 찾아가는 것이 중요하다.

이 시기에는 내가 현재 직장에서 롱런할 수 있을지, 아니면 이직을 하는 것이 좋을지 냉정히 따져봐야 한다. 현재 직장에서 내 위치가 확고하고 적어도 부장 직급까지는 탄탄대로가 펼쳐져 있을 정도로 사내 정치와 좋은 평판과 자랑할 만한 업무 성과를 구축했다면 섣불리 이직을 할 필요가 없다. 하지만 승진이 불투명하고 본인의 노력이 조직에서 제대로 인정받지 못한다고 느낀다면, 더 나아가 성장이 정체되어 있다고 느낀다면 이직을 고려해볼 만하다.

팀의 성과로 능력을 말한다
: 부장 및 팀장 직급

부장 및 팀장 직급은 업무와 인간관계, 조직이 주는 스트레스 등 직장에서 받을 수 있는 모든 종류의 압박을 견뎌야 하는 자리이다. 약한 모습을 보이면 안 되므로 함부로 하소연도 못한다. 함께 고단함을 토로하던 동기들도 어느새 경쟁자가 되어 있다. 외롭고 힘든 자리를 견디다 보면 임원 승진에 대한 열망이 더 커져간다. 임원이 되면 뭔가 해결이 될 것 같은 막연한 희망을 품게 된다.

부장 직급은 조금씩 차이는 있겠으나 보통 조직의 최소 단위인 팀장 혹은 실장 등 조직을 이끄는 장(長) 자리가 부여된다. 조직의 장에게는 조직 권력의 3대 카드인 예산권, 기획권(업무지정권), 평가권이 주어진다. 회사 입장에서는 권한을 주었으니 성과를 만들어내라는 뜻을 보인 것이므로, 부장 직급은 이 카드를 이용해 조직의 성과를 창출해야 한다.

이러한 부장 및 팀장 직급에게 강조되는 능력이 바로 리더십이다. 이 직급은 혼자 성과를 달성할 수 없다. 팀으로서 성과를 내야 한다. 지금까지 개인으로서 10이라는 성과를 냈다면, 이제는 팀과 함께 100이라는 성과를 내야 한다.

팀장은 팀의 목표를 설정하고, 이를 달성하기 위한 자원(인력, 예산)을 할당하며, 실행계획을 수립하고, 실적을 관리하며, 팀원들에게 동기를 부여해야 한다. 그리고 무엇보다 팀 전체 성과의 배수 역할을 하는 자신의 역량과 리더십을 냉정하게 진단하고 발전시켜야 한다.

팀장에 대한 평가는 맡은 팀에 대한 평가에 좌우된다. 매년 설정되는 평가지표(KPI)와 지표목표치는 팀 구성원들을 1년 내내 괴롭히고, 이 평가지표 달성 여부에 따라 팀장의 인사고과 및 성과급 금액이 달라진다. 팀의 평가가 정량적으로 측정 가능하기 때문에 가능한 일이다.

이때 팀장의 능력은 팀 전체의 성과를 결정짓는 배수 효과를 가져온다. 이 직급의 역량의 중요성을 수식으로 표현하면 다음과 같다.

팀의 성과 = 팀장 역량 × 전체 팀원 역량

팀장의 역량이 1이면 평타를 치는 수준이다. 즉 전체 팀원의 역량을 그대로 팀의 성과로 가져오게 된다. 하지만 팀장의 역량이 1 미만이라면 전체 팀원이 갖고 있는 역량에 비해 팀의 성과가 적게 나오게 된다. 만약 팀원들의 역량이 100이고 팀장의 역량이 0.5라면 팀 전체의 성과는 50으로 감소하는 것이다. 반대로 팀장의 역량이 1보다 큰 경우에는 팀의 성과가 그만큼 배가된다.

야구나 축구 등 스포츠의 경우를 보면 이를 쉽게 알 수 있다. 축구팀의 선수단 구성은 그대로인데 어떤 감독이 오느냐에 따라 그 팀의 성적이 달라지는 것은 리더의 역량, 즉 리더십이 성과에 영향을 미친다는 것을 의미한다. 그렇다면 어떻게 해야 좋은 리더십을 갖출 수 있을까?

1) 나답게 하는 것이 최선

Be yourself, 즉 '자신답게' 해야 한다. 흔히 리더십이라고 하면 목소리를 높이고 조직을 장악하는 능력을 떠올리기 쉽다. 하지만 이는 구시대의 산물이며 리더십의 핵심 속성이 아니다. 리더십 개발의 핵심은 나의 리더십 스타일을 이해하고 이를 기초로 다른 사람들에게 영향력을 주는 방법을 찾는 것이다. 남들이 좋다고 생각하는 리더십 스타일이나 특정인의 리더십 스타일을 따라가려 하지 말고, Be yourself에 근간한 리더십 스타일을 만들어야 한다.

여러분이 그동안 만나봤던 리더들을 떠올려보자. 진정으로 닮고 싶은 사람도 있고 그렇지 않은 사람도 있을 것이다. 무엇이 그 차이를 만들어내는지 생각해보자. 닮고 싶은 리더는 그 사람의 근육(장점 혹은 스타일)을 잘 활용했다는 생각이 들고, 그렇지 않은 사람은 어딘가 연극을 하는 듯한 느낌이 들지 않았는가? 아마 후자의 경우는 본인의 근육에 맞지 않은 리더십의 옷을 입느라 어색한 연기를 하고 있었을 것이다.

우리는 직장생활을 하면서 나름대로의 페르소나, 즉 가면을 쓰고 산다. 하지만 자신과 맞지 않는 페르소나를 연기하는 것으로는 조직을 잘 이끌거나 사람들에게 영향을 주기 어렵다. 가면 속에 완벽히 자신을 숨긴 채 사는 것은 불가능하기 때문이다. 따라서 내 자신의 진정한 모습과 장점을 살려 나만의 리더십을 찾고 개발해야 한다.

2) 남의 이야기에 귀 기울여라

자주, 그리고 습관적으로 타인의 피드백을 받아야 한다. 타인의 피드백을 받지 않는 것은 마치 거울을 보지 않은 상태에서 한평생 자신의 외모가 멋지다고 착각하며 사는 것과 비슷하다. 자신의 외모를 관리하려면 거울을 보고 자신의 모습을 객관적으로 살펴봐야 한다. 타인의 피드백은 이 거울 역할을 한다. 이때 피드백은 꼭 상위 직급자나 나이가 더 많은 사람들에게만 받을 필요는 없다. 나이가 어리고 직급이 낮은 사람, 가까운 지인, 타 회사 업무 관계자 등 다양한 사람들로부터 피드백을 받는 것이 좋다.

한 가지 재미있는 점(?)은 부장 직급 막바지 시기에 이르면 운칠기삼(運七技三, 인생은 운 70% 재주 30%로 결정된다는 의미)에 따라 미래가 결정될 가능성도 있다는 것이다. 아무리 좋은 성과를 내고 리더십이 뛰어나도 상황이 바뀌거나 불가항력적인 환경 변화가 생길 경우, 그다음 단계로 올라가지 못할 수 있다.

슬프지만 이러한 경우를 의외로 많이 보게 된다. 운칠기삼의 벽에 부딪힌 당사자는 정말 힘든 시기를 보낸다. 회사 생활에 대한 회의와 앞날에 대한 걱정으로 스트레스가 이만저만이 아니다. 이를 옆에서 보는 사람도 덩달아 마음이 힘들다. 이들이 재기해서 멋지게 역전 만루 홈런을 친다면 다행이지만 안타깝게도 조직은 인내심과 배려를 갖고 기다려주지 않는다.

내가 만나본 부장님들 중 상당수는 본인이 위로 올라갈 수 있을지 없을지 잘 알고 있었다. 그도 그럴 것이 부장 직급 중 임원 승진 기회가 있을 것 같으면 조직에서 이를 염두에 두고 중요한 임무를 부여한다. 이 과정에서 조직 내에서는 어떤 부장이 임원 승진 대상이라는 것을 자연스럽게 알게 된다. 최선을 다했지만 임원의 문턱을 넘지 못할 것 같은 부장 직급들은 그래도 조직에 끝까지 남을 것인지 아니면 이직할 것인지 고민하게 된다. 하지만 이 시기 이직의 문은 좁다. 현재의 직급과 연봉을 맞춰주는 직장을 찾을 확률은 과장·차장 직급 때보다 현저히 적다.

그러나 실망하지 말자. 현재의 직장에서 어느 정도 한계가 보이더라도 차근히 이직 전략을 세운다면 더 나은 커리어를 만들 수 있다. 내가 아는 어떤 분은 벤처캐피탈 분야에서 일을 하다가 커리어에 한계를 느끼고 삼성전자 부장 직급으로 이직했다. 삼성전자 내에서 성실함과 꼼꼼한 업무 처리 능력을 인정받으며 신임을 얻어, 주요 보직을 맡아 중요한 프로젝트들을 성공시키면서 결국 임원으로 승진했다. 삼성전자 공채 출신이 아니면서 임원으로 승진한 흔치 않은 케이스이기도 하다.

이처럼 부장 직급은 아무리 열심히 해도 한계가 있을 것 같으면 이직을 고려해봐야 한다. 하지만 이 시기의 이직은 마지막 이직이 될 수 있기 때문에 신중히 고민하고 결정해야 한다.

부장급으로 이직하면 팀원이 아닌 팀장 자리를 맡게 될 가능성이 높다. 팀장 자리에 외부 인사인 당신을 데리고 왔다는 것은 다음 두 가지를 의미한다. 기존 팀장급 인력이 할 수 없는 일을 해야 하거나 기존 팀장급 인력의 역량이 부족한 경우이다. 그렇기 때문에 새로운 조직에서는 높은 기대 수준과 혹독한 잣대를 갖고 평가할 것이다. 당신은 새로운 직장에서 새로운 팀원들과 함께 일하면서 성과를 창출해야 한다. 어렵긴 하겠지만 어려움을 잘 이겨내고 좋은 성과를 보이면 새로운 조직에 성공적으로 적응해 더 좋은 커리어를 만들 수 있다.

이직에 앞서 생각해볼 사항들

1 이직의 적정 타이밍은 어떤 기준으로 판단할 수 있을까?

- _____
- _____
- _____

2 이직 시 내가 가장 중요하게 생각하는 요소는?

- _____
- _____
- _____
- _____
- _____

3 현재 직급 혹은 이직 시 희망하는 직급에 필요한 역량은?

- _____
- _____
- _____
- _____
- _____
- _____

4 **이직을 위한 구체적인 역량 신장 계획**

- _____
- _____
- _____
- _____
- _____
- _____
- _____

5 **앞으로 3년 후 나의 커리어 계획**

- _____
- _____
- _____
- _____

6 **앞으로 10년 후 나의 커리어 계획**

- _____
- _____
- _____
- _____

성공하는 이직은
시작점부터 다르다

생각보다 많은 사람이
이직 후 후회한다

옮기는 것만이 능사는 아니다

후회 없는, 성공적인 이직을 위해 고려할 사항은 무엇일까? 우선 그 회사에서 내가 성장할 수 있을지 판단하는 것이다. 이에 가장 중요한 포인트는 세 가지라고 생각한다. 바로 사업의 성장성, 성과 창출 가능성, 해당 업무의 시장성(혹은 희소성)이다. 이는 다음과 같은 질문으로 나타낼 수 있다.

"과연 이직할 회사가 사업 성장성이 있고, 내가 성과를 창출할 수 있고, 그곳에서 배운 경험들이 시장에서 가치가 있을 것인가?"

달리는 호랑이의 등에 올라타라
: 사업의 성장성

우선 이직하려는 회사의 주요 사업의 거시적인 성장 가능성을 봐야 한다. 호랑이 등에 올라탄 빈대와 거북이 등에 올라탄 빈대의 이동 속도는 어떨까? 호랑이 등에 올라탄 빈대는 올라타자마자 정신없이 앞으로 이동하고, 거북이 등에 올라탄 빈대는 느리게 이동할 것이다. 물론 호랑이가 달리는 속도가 빠르기 때문에 등에 붙어 있으려면 고생은 좀 하겠지만, 거북이 등에 올라탄 빈대보다 훨씬 빠르게 멀리 이동할 것이다.

따라서 아무리 좋은 조건을 제시해도 사양 사업을 영위하는 회사로는 이직하지 말아야 한다. 이러한 회사로 옮기고자 한다면 마지막으로 은퇴하기 전에 '끝물 옵션'으로 고려하는 것이 좋다. 고성장이 예상되는 사업을 영위하는 회사로 이직해야 회사를 길게 다닐 수 있고 실적의 압박으로부터 어느 정도 자유로울 수 있다.

좋은 사례가 있다. 친구 한 명이 글로벌 가스 계측기기 회사에서 B2B 영업을 하고 있다. 이 지극히 평범하고 성실한 친구가 어느날 글로벌 지사 전체에서 최고의 영업 성과를 달성해 엄청난 인센티브를 받았다. 비결을 물어보니 특별한 것은 없다고 했다. 단지 당시 한국에서 산업 현장의 안전이 강조되는 추세였고, 몇 년 사이 대기업 공장에서 가스 누출 사고가 몇 건 발생하여 전국적으로 공장에서 가스 계측기기 수요가 폭발적으로 늘었기 때문이다. 이 친구는 특별한 영업 활동 없이 고객들이 요청하는 주문을 처리하기에 바빴다고 말했다. 그의 실적은 3년 연속으로 몇 배나 성장했고 덕분에 소위 '글로벌 영업왕'이 되었다.

이는 이직 시 산업의 성장 가능성을 고려해야 하는 이유를 잘 보여준다. 당장의 연봉이나 직급 상승에 대한 기대보다는 이직하려는 회사의 사업 성장 잠재력과 지속 가능성을 염두에 둬야 한다.

덧붙여, 누군가 내게 이직에 대한 조언을 구하면 자신의 전 재산을 털어 그 회사 주식을 살 수 있을지 물어본다. 그 회사의 재무 상태나 영업 상황 등 면면을 확인한 후 회사의 성장성과 지속 가능성에 대해 확신을 갖게 되면 이직을 결심하는 것이 좋다.

'일잘러'로 인정받을 수 있는가
: 성과 창출 가능성

회사의 사업 성장성에 확신을 가졌다면 이제 나를 돌아봐야 한다. 내가 그 자리에서 3~5년 안에 어떤 성과를 낼 수 있을지 고민해봐야 한다.

내가 과거 제안받은 자리 중 글로벌 SNS 기업의 중국 사업팀장 자리가 있었다. 조건, 사무실 위치, 기업문화, 함께 일할 사람 모두 좋아보였다. 하지만 결국 거절했다. 이미 비슷한 사업을 하는 중국 업체들이 너무 많고, 그들이 너무 잘하고 있었기 때문이다. 이런 상황에서 내가 아무리 노력한들 가시적인 성과를 내기 쉬울까? '송 아무개라는 사람이 중국 사업팀장으로 왔는데 3년 정도 일했으나 별 성과가 없었다더라' 하는 평판이 나면 커리어에 치명적인 오점이 될 수도 있다.

예전엔 프로야구에 패전처리 전문투수 역할이 있었다. 이미 기울어진 경기에 등판해 남은 이닝을 소화하는 역할을 하는 투수다. 여러 이닝 고생하며 공을 던지지만 막상 남는 것은 패전 기록과 높아지는 방어율밖에 없다. 마찬가지로 내가 이직해 가려는 자리가 패전처리 투수 자리인지, 구원투수 자리인지, 선발투수 자리인지 본인이 분별해야 한다.

하지만 막상 헤드헌터로부터 업무기술서(Job Description)를 받아봐도 그 자리가 과연 성과를 낼 수 있을 자리인지는 명확히 분간하기 어렵다. 회사에서는 이를 굳이 알릴 필요가 없는 데다 사실 성과를 낼 가능성이 높은지 낮은지 그들도 모르는 경우가 많기 때문이다. 판단은 자신의 몫일 수밖에 없다.

해당 포지션이 패전투수 자리인지 확인할 수 있는 시그널이 있긴 하다. 바로 이 자리가 오랫동안 공석이었거나 채용공고가 자주 올라오는 경우다. 이때는 의심을 한번 해봐야 한다. 예전에 한 지인이 어떤 회사의 인사팀으로 이직하려는데 고민이 된다고 털어놓았다. 이 자리가 구인 사이트에 자주 올라오고 비슷한 일을 하는 사람들 중 같은 제안을 받은 사람이 많다는 것이다. 알아보니 그 회사의 인사 총책임자의 리더십 문제 때문에 많은 직원들이 1년을 넘기지 못하고 퇴사하고 있었으며 그로 인해 업무가 마비될 지경이었다. 그래서 비슷한 업무 경험이 있는 사람을 일단 채용하고 과도한 업무를 부여해 1년도 못 버티고 퇴사하는 직원들이 속출하고 있던 것이다.

이렇게 악순환이 반복되고 성과를 못 낼 자리에는 절대 가지 말아야 한다. 무리해서 그 자리로 이직하게 될 경우 시쳇말로 커리어가 꼬여버릴 수 있다.

이보다 더 무서운 것은 성과가 안 좋을 경우 자칫 마녀사냥을 당하기 쉽다는 것이다. 생각해보자. 오랜 기간 공석인 자리에 당신이 부임했다. 그동안 공석으로 인해 조직 내에서 해당 업무가 제대로 돌아가지 않았을 것이다. 이 자리에서 당신이 최선을 다해도 성과를 내는 것이 구조적으로 불가능할 경우, 회사에서는 조직이나 전임자를 욕하지 않는다. 당신이 그 자리에 있으므로 당신에게 책임을 묻는다. 그러므로 이직을 결정하기 전 그 자리를 면밀히 살펴 신중하게 판단을 내려야 한다.

어떻게 하면 이러한 상황을 피할 수 있을까? 우선 이 직무를 아는 사람들이나 비슷한 업종에 종사하는 사람들과 이야기를 나누며 과연 내가 성과를 낼 수 있을지 판단해야 한다. 그 회사에 아는 사람이 있다면 회사 내에 이 자리에 관심을 갖는 사람이 있는지, 해당 팀은 능력 있는 직원들로 꾸려져 있는지 등도 확인해볼 수 있을 것이다. 또한 면접을 보면서 자신이 해당 업무를 잘해낼 수 있을지 가늠해야 한다.

이직 후 생각만큼 성과가 나지 않아서 고생한다면 운만 탓할 수는 없다. 이직한 자리에서 성과를 낼 수 있을지 없을지 미리 상황을 면밀히 확인하지 않은 본인의 잘못이 크다. 성과 내기가 어려운 자리는 미리 파악해 가지 말아야 한다. 눈앞에 보이는 이직 기회의 달콤함에 눈이 멀어 뒤에 숨겨진 헬게이트를 못 보는 우를 범하지 않기를 바란다.

미래에 팔릴 만한 경험인가
: 업무의 시장성

시대의 변화에 따라 업무의 가치가 달라진다. 속기, 전화교환, 주산 등은 80년대까지 각광받는 업무였지만 지금은 현장에서 사라졌다. 반면 새로 각광받는 업무들도 있다. 요즘 구인광고를 보면 인공지능, 빅데이터, 블록체인, 디지털 마케팅 전문가가 단골로 등장한다. 국내에서 이 분야의 전문가는 매우 드물며, 있다고 해도 몸값이 매우 비싸다. 이처럼 지금 시대에 희소성이 있는 업무들이 있고, 이 업무를 경험해봤다는 것만으로도 경쟁력을 높일 수 있다. 따라서 이직을 할 때 내가 하게 될 업무가 시대의 흐름과 맞는 시장 가치가 있는지 없는지를 반드시 판단해야 한다.

판단하는 데 도움이 될 수 있는 팁은 다음과 같다. 첫째, 업무기술서를 상세히 읽으면서 해당 업무의 내용을 확인하고 그 업무를 통해 내가 어떤 능력이나 기술을 갖출 수 있을지 파악한다. 둘째, 이 능력이나 기술을 갖춘 사람이 어떤 회사에서 어떤 포지션으로 일하고 있는지 링크드인 등 채용 사이트를 보면서 파악한다. 이직해서 갖추게 될 능력으로 미래에 어떤 일을 하고 어떤 대우를 받을 수 있을지 예상해볼 수 있기 때문이다.

2013년경, SNS의 폭발적 성장으로 디지털 마케팅 전문가에 대한 수요가 급증했다. SNS 마케팅, SEO(Search Engine Optimization, 검색엔진최적화), SEM(Search Engine Marketing, 검색엔진마케팅) 등의 기술은 당시 굉장히 희소성이 있어서 인재를 찾기 어려웠다. 이때 기존에 전통적인 마케팅을 하던 사람들이 디지털 마케팅에 대한 수요 증가를 재빠르게 캐치하고 디지털 마케터로 전환했고, 이들은 현재 디지털 마케팅 분야에서 리더 자리를 차지하고 있다. 현재 디지털 마케터라는 직무는 조직 내에서 어느 정도 자리를 잡았으며 향후에도 안정적인 수요를 유지할 것이다. 이제 디지털 마케팅은 모든 기업에서 반드시 갖춰야 할 필수 요소가 되었기 때문이다.

수요뿐 아니라 희소성 측면도 고려할 필요가 있다. 내 경우에도 희소성이 있는 업무를 해봤다는 이유로 좋은 자리를 제안받은 적이 있다. 당시 제안받은 자리는 외국계 명품 브랜드사의 옴니채널 마케팅 팀장이었다. 개인적으로 명품 쪽에 관심이 없어서 정중히 거절했으나 몇 주 후에 다시 연락이 와서 면접이라도 보면 어떻겠느냐고 물었다. 알고 보니 이 분야에서 옴니채널 관련 경험이 있는 사람이 흔치 않아서, 아무리 찾아도 마땅한 사람을 구하지 못해 내게 다시 연락한 것이었다.

사실 내게 관련 경험이라고는 영국에서 일할 때 옴니채널 전략을 수립하고 영국의 유수 유통업체와 옴니채널 협업 방안을 수립한 것이 유일했다. 당시 영국은 옴니채널의 선두 국가였고, 덕분에 옴니채널 관련 선진 사례들을 경험해 이력서에 관련 경험을 몇 줄 추가할 수 있었다. 그 길다고 할 수 없는 경력을 보고 여러 번 연락이 온 것을 보면 옴니채널 업무 경험자가 희소하여 확실히 시장성이 있다는 것을 알 수 있었다.

후회 없는 이직을 위한
고려 조건

앞서 설명한 세 가지 조건, 즉 사업의 성장성, 성과 창출 가능성, 업무의 시장성을 고려해 이직을 결정해야 후회가 없을 것이다. 물론 이 세 가지 조건을 모두 완벽하게 충족시키는 자리는 거의 없다. 따라서 이 중 하나라도 완벽히 보장된다면 옮겨도 괜찮을 것이다.

그림2.1은 앞에서 언급한 세 가지 조건을 고려했을 때 가능한 옵션 네 가지를 도식화한 것이다. 각 옵션별로 특징을 살펴보자.

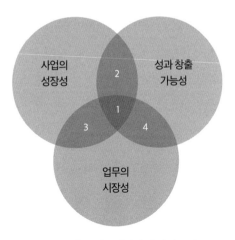

그림 2.1 후회없는 이직의 세 가지 조건

1) 사업의 성장성 + 성과 창출 가능성 + 업무의 시장성

고성장 사업을 영위하는 회사의 포지션으로, 해당 업무는 향후 희소성이 있으면서 단기간에 성과가 날 만한 자리이다. 이직할 자리가 1번이라고 판단되면 지체없이 이동해야 한다.

대표적인 예로 전략 컨설팅 회사 출신이 스타트업 임원으로 이직한 경우를 꼽을 수 있다. 몇 년 전부터 전략 컨설팅 회사 출신들이 배달, 이커머스, 숙박업체 등 어느 정도 이름 있는 유니콘 단계에 있는 스타트업의 CMO(Chief Marketing Officer), CSO(Chief Strategy Officer), COO(Chief Operating Officer) 자리로 많이 이직했다. 당시 해당 업체들은 두 자릿수 이상의 고성장률을 보이고 있었고, 시장이 형성되는 초기 단계에 진출한 업체라 상대적으로 쉽게 성과를 낼 수 있었다. 또한 젊은 나이의 스타트업 임원이기 때문에 추후 이직 시장에서 희소성이 있다고 볼 수 있다. 이 세 가지 조건을 모두 갖춘 자리라면 반드시 쟁취하는 것이 좋다.

2) 사업의 성장성 + 성과 창출 가능성

사업의 성장성이 높고 이직만 하면 바로 성과가 나는 포지션이다. 이 경우 추후 이력서에 화려한 경력을 적을 수 있다. 가령 3~5년 일을 하면서 '매년 매출 ○○% 향상', '이익 ○○% 향상' 같은 성과를 적을 수 있을 확률이 높다. 대표적인 예로 전 세계적으로 유명한 청소기 업체의 한국 지역 영업 임원 자리를 들 수 있다. 이 업체 청소기는 고가임에도 한국에서 선풍적인 인기를 끌어서, 한국 총판영업 계약을 해지하고 본사에서 직접 영업하는 체계로 전환하려고 했다. 이런 상황에서 그 회사의 영업 임원 포지션은 '숟가락만 얹으면 바로 실적이 나오는 자리'인 것이다.

이렇듯 사업의 성장성과 성과 창출 가능성이 높은 자리는 흔치 않다. 물론 성과 창출 가능성은 시기마다 다를 수 있기 때문에 통제할 수 있는 변수는 아니다. 하지만 적어도 거시적인 트렌드와 산업의 성장성을 고려하고 내가 이직하려는 회사가 어떤 사업 모델로 경쟁하며 향후 어떠한 성과를 낼 것인지 고려하는 것은 이직하려는 사람으로서 당연히 점검해야 할 포인트다.

3) 사업의 성장성+업무의 시장성

고성장 사업을 영위하는 회사에서 시장 경쟁력이 있는 업무를 하는 경우이다. 장기적으로 해당 업무를 지속해 나갈 수 있으며 다른 회사로 이직하기에도 유리하다. 지인 중 한 명은 바이오시밀러 제조회사에서 홍보 업무를 담당하고 있다. 기존 제약회사에서 홍보 업무를 하는 인력은 많지만 바이오시밀러 회사의 홍보 업무를 하는 인력은 흔치 않다. 바이오시밀러 회사와 일반 제약회사의 홍보 업무는 성격이 조금 다르기 때문에 이 경험은 시장 경쟁력이 높다고 볼 수 있다. 더군다나 최근 일반 제약업체들도 바이오시밀러 및 복제약 시장에 적극 뛰어들고 있기 때문에 이 친구의 홍보 경력을 높게 평가하는 회사도 많아지고 있다.

4) 성과 창출 가능성+업무의 시장성

사업의 성장성은 보통이지만 해당 업무의 시장성이 있으면서 성과 창출 가능성이 높은 포지션이다. 이러한 포지션은 메인 업무 하나만으로 롱런할 수 있다는 장점이 있다. 'First come, first serve(인생은 선착순)'의 법칙이 통하는 경우라고 할 수 있다. 앞서 언급한 디지털 마케팅 포지션이 좋은 예다. 소비재나 식음료 기업은 고성장 사업은 아니지만 이들 기업에서 초기에 디지털 마케팅 업무를 담당했던 사람들은 나름대로 조기에 성과를 창출했고, 이 업무의 희소성 덕분에 이곳저곳에서 좋은 제안이 많이 들어오며 이들의 몸값은 점점 더 높아지게 되었다.

◆◆◆

지금까지 이직 시 유념해야 할 요건들을 살펴보았다. 의외로 많은 직장인들이 이직을 고려할 때 이 요소들을 진지하게 고민하지 않는 것 같다. 결단에 앞서 깊이 고민하지 않으면 이직 후 후회할 가능성이 높다.

후회없는 이직을 위해, 그리고 자신의 장기적인 커리어에 도움이 되는 이직을 위해 위에서 언급한 세 가지 요소를 꼼꼼히 확인하자.

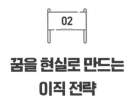

꿈을 현실로 만드는
이직 전략

커리어 매직 카펫을 타고
원하는 회사로 가보자

영화 〈알라딘〉에서 주인공들이 마법 양탄자를 타고 마음껏 날아다니는 장면을 보면 신나고 가슴이 설렌다.

I can show you the world shining, shimmering, splendid

저는 당신에게 화려하게 어른거리며 빛나는 세상을 보여줄 수 있어요

Tell me, princess, now when did you last let your heart decide?

말해줘요 공주님, 마지막으로 당신의 마음대로 결정한 때가 언제인가요?

I can open your eyes take you wonder by wonder

저는 당신의 눈을 뜨게 하고 놀라운 세상 구석구석으로 데려갈 수 있어요

Over, sideways and under on a magic carpet ride

마법의 양탄자를 타고 위로 옆으로 아래로 다닐 거예요

A whole new world, A new fantastic point of view

완전히 다른 세상, 새로운 환상적인 광경이 펼쳐지는 곳

— 영화 〈알라딘〉 OST 〈A Whole New World〉 중

만약 〈알라딘〉에 등장하는 카펫처럼 당신을 원하는 커리어로 데려다줄 수 있는 '커리어 매직 카펫은 존재한다'고 하면 믿겠는가? 믿거나말거나, 커리어 매직 카펫은 존재한다!

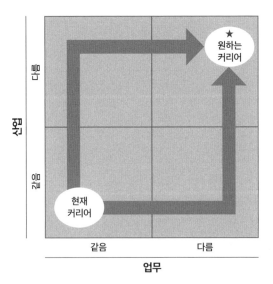

그림 2.2 2×2 매트릭스 커리어 매직 카펫

…이게 뭐냐고? 실망은 아직 이르다. 생각보다 멋지지 않아서 미안하지만, 그래도 제 기능을 다하는 멋진 '2×2 매트릭스 커리어 매직 카펫'이다. 실제로 이 커리어 매직 카펫을 타고 성공적으로 이직한 케이스를 보면 이해가 될 것이다(실제 지인들의 사례 중 직장명과 직무를 바꿔 재구성했다).

회사 내 부서 이동 후
전문성을 통해 타 산업으로 이직

대학에서 마케팅을 전공한 가영 씨는 브랜드 매니저가 되는 것이 꿈이었다. 그중에서도 화장품 회사의 브랜드 매니저가 되어 커리어를 쌓고 싶었다. 그러나 화장품 회사들의 신입사원 공채 면접에서는 모조리 떨어졌고, D전자 공채에 합격해 영업팀에서 첫 커리어를 시작했다.

가영 씨는 화장품 브랜드 매니저에 대한 꿈을 잃지 않고 커리어 중장기 계획을 세웠다. D전자 영업팀에서 근무하면서 마케팅 팀장과 친분을 쌓았다. 그러다 2년 후 내부 전직 기회가 있어서 영업팀에서 마케팅팀으로 자리를 옮겼다.

하고 싶던 일이라 그런지 마케팅 업무는 재미있었다. 하지만 TV나 세탁기가 아닌 화장품 브랜드를 마케팅하고 싶은 꿈은 여전했다.

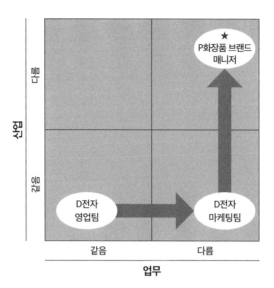

그림2.3 가영 씨의 커리어 매직 카펫

D전자 마케팅팀에서 다양한 마케팅 업무를 맡아 일하며 퇴근 후에
는 화장품 브랜드 매니저 업무에 대해 조사했다. 헤드헌터에게도 화
장품 브랜드 매니저 자리가 생기면 연락을 달라고 일러뒀고, 화장품
회사에서 일하는 대학 동기들에게는 자신이 일하고자 하는 브랜드의
내부 소식을 물어 분위기를 파악하고 혹시 공석이 생기면 바로 알려
달라고 부탁했다.

2년 후, 드디어 가영 씨가 가장 가고 싶었던 P화장품 회사의 한 브
랜드 매니저 자리에 공석이 생겼다. 가영 씨는 그동안 쌓은 다양한 마
케팅 업무 경험과 P화장품 회사 브랜드에 관한 지식과 열정을 면접
관들에게 어필해, 마침내 그토록 원하던 화장품 브랜드 매니저 자리

로 이직하는 데 성공했다.

전문성을 통해 타 산업 이직 후
회사 내 희망 부서로 이동

이런 성공적인 케이스는 극히 드물다고 생각하는가? 그렇다면 규동 씨의 경우를 보자. 규동 씨는 기계공학과를 졸업한 공학도이다. 그러나 취업난 속에서 직장을 찾다가 전공 및 적성과 상관없는 보험사 CS(Customer Service, 고객콜센터)팀에 입사하게 되었다. 규동 씨는 CS팀에서 고객 전화 응대, 보험상품 상담을 하면서 3년 정도 커리어를 쌓았다.

그러다 지인을 통해 외국계 건설공구 업체인 H사의 CS팀으로 이직을 했다. 이곳에서 전화를 건 고객들에게 전동공구 제품 설명을 하고 주문 처리도 하면서, 졸업 이후 오랜 시간 잊고 있었던 기계에 대한 관심이 살아나기 시작했다. 제품에 관심을 갖게 되자 자연스레 전동 공구 제품을 담당하는 프로덕트 매니저(PM)가 되고 싶다는 생각을 하게 되었다.

규동 씨는 CS팀에서 업무 실력을 인정받아서 내부 평판이 좋았다. 운 좋게도 H사 내에서는 부서 이동이 자유로웠다. CS팀에서 2년 정도 일하던 규동 씨는 마케팅 본부 임원에게 전동공구 라인 업무에 관

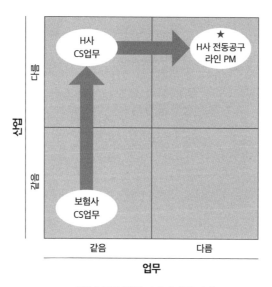

그림2.4 규동 씨의 커리어 매직 카펫

심이 있다고 어필했고, 대학 시절 전공과 그동안의 성실한 업무 태도를 인정받아 결국 전동공구 라인 PM 자리로 이동할 수 있었다. 바라던 대로 전동공구 제품을 담당하는 PM이 된 것이다.

가영 씨와 규동 씨의 사례는 모두 업무 경험과 산업 경험을 징검다리 삼아 성공적으로 이직한 케이스이다. 이제 커리어 매직 카펫이 어떻게 작동하는지 조금 감이 오는가?

이처럼 커리어 매직 카펫은 궁극적으로 원하는 커리어에 가까이 가도록 도와주는 접근법이다. 그러나 짧은 시간 안에 이직이 가능한 중단기 커리어 전략은 아니다. 최소 몇 해 이상 타임라인을 생각하고 실행하는 장기적인 방법론이라고 생각해야 한다.

커리어 매직 카펫의 핵심은
업무 경험과 산업 경험

앞서 살펴보았듯, 커리어 매직 카펫의 동력은 두 가지다. 바로 업무 경험과 산업 경험이다. 쉽게 생각해 나에게 주특기 업무가 있으면 다른 산업에서 그 업무가 필요한 포지션으로 이직할 수 있는 기회가 생긴다. 또한 해당 산업의 내부 프로세스에 대해 잘 알고 있으면 동일한 산업의 다른 업무를 수행하는 자리로 이직할 수 있다.

커리어 매직 카펫을 이용한 이동, 즉 업무 경험과 산업 경험을 활용해 단계적인 이동을 하려면 최소 2~3년의 업무 경험이 필요하다. 2~3년은 통상적으로 해당 산업에 대한 이해가 생기고 업무에 대한 실무 능력이 생기는 시간으로 본다. 물론 무조건 시간에 얽매일 필요는 없다. 1~2년의 경험이라도 업무와 산업에 대한 이해도가 높은 수준에 이르렀다고 판단되면 과감하게 이직 결정을 해도 된다. 그러나 너무 짧은 시간 내에 섣부르게 결정하는 것은 위험하다.

◆◆◆

현재 직장과 직무가 내가 있을 자리가 아니라고 생각한다면, 커리어 매직 카펫을 타고 어디로 떠나볼지 생각해보면 어떨까? 자신의 현재 상황을 냉철하게 판단하고, 현재 시점에서 어떤 일을 해야 미래 커리어에 도움이 될지 고민하며 장기적인 계획을 세워보자. 그렇게 서서히 내가 궁극적으로 원하는 직장과 업무를 찾아가는 여정을 시작하는 것도 좋을 것이다.

이 안에 다 있다,
이직 패턴 다섯 가지

남들이 부러워하는
이직 사례들

- 만도 재무팀 직원은 어떻게 삼성전자 마케팅팀으로 이직했을까?
- 중소 건설 시공업체 직원은 어떻게 대기업 건설사 공사팀으로 옮겼을까?
- 통신사 엔지니어는 어떻게 다른 통신사 전략기획팀으로 옮겼을까?
- 전략 컨설팅 회사 팀장은 어떻게 외국계 기업 한국지사 임원이 될 수 있었
  을까?

위 네 사례 모두 이전보다 나은 회사 혹은 높은 포지션으로 이동한
성공적인 케이스들이다. 이들은 주위 사람들의 부러움을 샀을 것 같

다. 그렇다면 나도 이런 시나리오의 주인공이 될 수 있을까? 이직의 전략 패턴을 잘 이해한다면 가능하다.

'이직 전략 패턴'은 많은 이직 성공 사례를 보고, 이를 패턴화할 수 있다고 생각해 직접 정리해 만든 개념이다. 기업의 경쟁 전략에 비용 우위 전략, 시장·고객 선점 전략, 역량 우위 전략 등 패턴이 있듯, 이직을 할 때도 패턴이 존재하며 다섯 가지 정도로 나눌 수 있다. 실제로 직장인들이 이직하는 사례를 보면 이 패턴을 크게 벗어나지 않는다.

1. 업무 전문성을 활용한 이직
2. 산업 전문성을 활용한 이직
3. 특정 산업의 가치사슬을 활용한 이직
4. 전문 서비스 경험을 활용한 이직
5. 지인 네트워크를 활용한 이직

이 다섯 가지 패턴을 익히고 나면 본인의 전문 업무와 산업 경험을 적절히 활용해 이직할 수 있을 만한 구체적인 아이디어가 생길 것이다. 참고로 이 중 1번과 2번 패턴을 합하면 앞장에서 설명한 커리어 매직 카펫 이직 전략이 된다. 이번 장에서는 업무 전문성을 활용한 이직과 산업 전문성을 활용한 이직 각각에서 어떻게 하면 성공할 수 있을지 구체적으로 설명하려 한다.

나만의 무기를 갈고닦자
: 업무 전문성을 활용한 이직

　업무의 전문성을 활용한 이직은 마케팅, 영업, 전략기획, 사업개발, 연구개발, 구매, 생산관리 등 회사에서 필요로 하는 업무의 전문성을 갖고 이직하는 경우를 말한다. 특정 업무의 전문성이 있으면 산업군에 관계없이 어느 정도 자유로운 이직이 가능하다.

　대표적인 예가 마케팅 직군이다. 과거 삼성전자에서 글로벌 마케팅실을 신설하면서 마케팅 역량을 강화하기 위해 로레알, P&G, 유니레버 등 다양한 글로벌 회사에서 마케팅 전문가를 고위급으로 채용했다. 보통 마케팅 직무는 미디어를 활용하여 브랜드 인지도를 높이고 브랜드 포지셔닝을 하는 브랜드 마케팅, 제품이 유통 채널에 효과적으로 유통되도록 관리하는 채널 마케팅, 그리고 제품이 소비자를 만나는 접점인 온라인·오프라인 매장 관리 업무인 리테일 마케팅, 그리고 최종 소비자의 니즈를 발굴하고 고객군을 관리하는 고객 관리 등으로 나눌 수 있다. 이러한 마케팅 업무는 모든 회사들이 비슷한 방식으로 수행하고 있기 때문에 화장품이나 생활용품 회사에서 마케팅 업무를 하던 직원들이 자연스럽게 삼성전자로 이직할 수 있었던 것이다.

　그렇다면 어떻게 해야 업무의 전문성을 키워 다른 곳으로 이직할 수 있을까? 회사에서 업무의 전문성을 키우기 위한 다양한 방법이 있겠지만 다음 세 가지는 꼭 강조하고 싶다.

1) 다양한 업무를 해보라. 주어지지 않으면 졸라서라도

최대한 다양한 업무를 깊게 경험해야 한다. 자신에게 익숙하거나 편안한 업무만 하면 몸은 편하겠지만 어느 순간 다른 업무를 수행할 수 있는 능력은 떨어지게 된다. 직장 생활에도 학습 능력은 여전히 중요하다. 업무를 다양하게 배우는 사람만이 자신의 그릇을 넓혀 해당 분야의 깊이와 넓이를 키울 수 있다. 이를 위해 주어진 업무만 수동적으로 하지 말고 적극적으로 일을 찾아서 배워야 한다.

가령 마케팅 업무에는 앞에서 말했던 것처럼 수많은 세부 영역이 있다. 마케팅 담당자라면 내가 담당하는 업무뿐 아니라 다른 업무까지 적극적으로 참여하는 것이 좋다. 가격 관리, 브랜드 관리, 광고 및 프로모션, CRM 관리 등 마케팅 영역에서 서로 연관된 업무들을 다양하게 경험하면 남들보다 빠르게 마케팅 업무의 전문성을 쌓을 수 있다.

예를 들어 마케팅 업무를 맡은 첫해에는 브랜드 및 광고 관리, 다음해에는 가격관리 및 CRM 관리, 그 다음해에는 디지털 마케팅 및 검색광고 업무를 하는 것이다. 이렇게 3년이 지나면 마케팅을 전문 분야로 삼아 이직을 시도할 수 있을 것이다.

만약 회사에서 자신에게 다양한 업무를 할 기회를 주지 않으면 어떻게 해야 할까? 이때는 꼭 자기 업무 분야가 아니더라도 자발적으로 요청해서 해당 업무의 보조라도 하게 해달라고 욕심을 부려야 한다. 그래야 짧은 시간에 다양한 업무를 배울 수 있다.

나 또한 전 직장에서 마케팅 전략을 담당할 당시 옴니채널 경험을 쌓기 위해 리테일 업무, 시장 정보 분석을 배우기 위해 시장정보 파악 업무, 이커머스를 배우기 위해 온라인 스토어 론칭 업무에 끼워달라고 부탁했다. 이렇게 보조 역할로서 회의에 참석하고 보고서를 함께 쓰다보니 해당 업무에 대한 내공이 어느 정도 쌓이게 되었고, 담당자가 휴가를 가거나 휴직할 때 한시적으로 그 업무를 맡기도 했다.

이렇게 3년 정도 적극적인 자세로 부지런히 배우면 그 업무에 대한 전문성이 있다고 당당히 말할 수 있을 것이다.

2) 무림고수를 찾듯 스승을 찾아라

무협지를 보면 어떤 스승을 만나느냐에 따라 그 제자들이 고수와 하수로 나뉘게 된다. 회사에서도 마찬가지다. 일을 누구에게 배우느냐에 따라 업무 역량이 달라진다.

가령 컨설팅 회사는 PM 포함 서너 명이 프로젝트에 투입되어 3~4개월가량 프로젝트를 수행한다. 그러면 자연히 PM의 역량이 그대로 팀원들에게 전달이 된다. 내 경우 컨설팅 회사에서 직장생활을 시작했는데, 입사하고 처음으로 맡은 프로젝트에서 만난 PM과 6개월 이상 함께 일하며 업무를 배웠다. 그 프로젝트는 그럭저럭 잘 끝났고 난 신입으로서 나쁘지 않은 성과를 냈다.

하지만 이후 다른 프로젝트에 투입되었을 때, 이전 PM과는 너무나 다른 업무 방식과 기대 수준을 맞닥뜨려 조금 당황했다. 나중에 알게 된 사실이지만 첫 프로젝트에서 내가 일을 배운 PM의 업무 방식은 회사 내에서도 좀 특이하다는 평을 받고 있었다. 이후 투입된 다른 프로젝트들에서 PM들의 다른 업무 방식들을 보고 배우느라 애를 좀 먹었다.

이렇듯 '내가 과연 배울 만한 사람과 같이 일하고 있는지'를 점검해봐야 한다. 물론 매 순간 뛰어난 직장 상사를 만날 수는 없다. 하지만 성장을 이끌어주지 못할 직장 상사 밑에서 시간을 허비하느니 좀 이기적이지만 배울 만한 사람을 찾아 이동하는 것이 낫다.

회사 안에서 찾기 어렵다면 회사 외부의 전문가 네트워크를 찾아가면서 배워야 한다. 즉 회사 안에서 업무의 전문성을 배우는 데 한계가 있으면 회사 밖에서 도움을 찾아야 한다. 요즘에는 각 업무 분야별로 전문가 모임 및 포럼이 활성화되어 있다. 이런 모임에 참석하면서 인맥도 쌓고 다른 사람들이 어떠한 방식으로 일하는지 배울 수 있다. 가령 내가 참여하고 있는 모임 중 〈하버드 비즈니스 리뷰〉 포럼이 있는데, 이 포럼은 원래 〈하버드 비즈니스 리뷰〉를 읽고 토론하는 커뮤니티로 시작했다. 그러다 이 커뮤니티가 커지면서 지금은 각 분야 전문가들의 강연을 듣고 네트워킹을 하는 살롱 형태로 운영되고 있다. 이 모임을 통해 직장인들이 전문가에게 배우고 성장해 직장에서 좋은 성과를 내고 있다.

이러한 커뮤니티 외에도 토론 클럽, 최고경영자 과정, 파트 타임 MBA, 조찬 모임, 전문가 포럼 등 외부 네트워크를 통해 전문성을 키울 수 있는 방법은 많다. 매일 이런 모임에 참여하기는 어렵더라도 일주일에 2~3시간 정도 모임에 참석해 견문을 넓히고 다른 사람들을 통해 배운다면 업무 전문성을 키우는 데 큰 도움이 될 것이다.

3) 인재가 모이는 곳에서 배워라

해당 업무에서 최고 수준의 역량을 보유한 회사에서 일하면 전문성을 높일 수 있다. 물론 입사가 쉽지는 않을 것이다. 하지만 소위 "○○의 인재 사관학교"라고 불리는 곳에서 일할 수 있다면 전문성을 금방 쌓고 시장에서도 경쟁력을 인정받을 수 있기 때문에 일해볼 가치는 충분하다.

과거 증권가에서 대우증권은 애널리스트 사관학교로 유명했다. 80~90년대 대우증권은 도제식 시스템으로 리서치 인력을 혹독히 훈련시켜 오랜 기간 '리서치의 명가'로 자리잡았다. 이후 모그룹이 해체되는 아픔을 겪긴 했지만 그럼에도 불구하고 대우증권 출신들은 승승장구하고 있다. 지금도 주요 증권사의 사장 중 대우증권 출신들을 쉽게 찾아볼 수 있으며 리서치 센터장 중에서도 대우증권 출신들이 많이 눈에 띈다.

소비재 산업에서 P&G는 마케팅 사관학교로 불린다. P&G는 1837년에 창업해 지금까지 180년이 넘는 기간 동안 소비자들이 일상에서 사용하는 생활용품들을 판매해왔다. 대표적인 브랜드는 질레트, SK-II, 다우니, 패브리즈 등이다. P&G는 브랜드 가치를 전달하는 마케팅 본연의 업무를 가장 잘하는 회사다. 지금도 마케팅 포지션이 있으면 P&G 출신들은 항상 영입 대상이다. 일례로, 아이폰과 갤럭시의 마케팅 전쟁이 한창이던 시기에 삼성전자는 전 세계적으로 P&G 출신들을 대거 채용했다. 영국에서 일할 때 함께 일한 임원도 유럽에서 브랜드 마케팅 경험이 풍부한 P&G 출신이었다. 그리고 그와 P&G에서 함께 일하던 직원들도 따라 이동했다.

이처럼 '○○○출신'이라는 타이틀은 이직 시장에서 굉장한 힘을 갖고 있다. 물론 본인이 쌓은 전문성이 중요하긴 하지만 회사의 타이틀은 그 업무의 전문성을 훨씬 더 배가시킬 수 있다.

지금까지 설명한 세 가지를 마음에 새겨라. 다양한 업무를 깊게 경험하고, 외부 네트워크를 통해 전문성을 배우며, 그 분야 최고의 회사에서 업무 경험을 쌓게 되면 이직 시장에서 가치를 높일 수 있을 것이다.

이직 시 각별히
주의할 사항들

업무 전문성을 활용한 이직 패턴은 화분의 분갈이에 비유할 수 있다. 나무의 뿌리가 깊어지고 줄기가 굵어지면 더 큰 화분으로 옮겨야 하듯, 전문성을 충분히 키웠다면 더 큰 회사로 옮겨 성장해야 한다. 그러나 잘못된 이직으로 인해 업무의 전문성이 망가지는 경우도 있다. 이런 경우는 생각보다 많다. 특정 업무 분야에서 실력 있는 전문가인데 이직을 제대로 못해서 커리어의 내리막길을 걷는 사람들이 있다. 이는 업무의 전문성을 활용해 이직할 때 고려해야 할 사항들이 있음을 암시한다. 크게 다음 세 가지로 정리할 수 있다.

1) 환경이 안 받쳐주는 경우

먼저 성과가 창출될 수 있는 환경인지 반드시 점검해야 한다. 그 회사가 속한 산업이 지속적으로 성장 가능한지, 경쟁이 너무 심하지는 않은지, 그 회사 제품이 경쟁력 있는지 따져봐야 한다. 개인의 역량이 아무리 뛰어나도 위에서 언급한 거시적인 요인들이 뒷받침되지 않으면 성과 창출에는 한계가 있다.

예를 들어, 내가 잘나가는 음료 회사의 브랜드 매니저인데 국내 맥주 회사의 브랜드 매니저 자리로 옮길 기회가 주어진다면 다시 생각해봐야 한다. 국산 맥주 시장의 점유율이나 매출이 웬만해서는 지금보다 크게 나아지지 않을 것으로 예상되기 때문이다.

2) 함께 일하는 사람이 문제가 있는 경우

같이 일하는 사람들 또한 잘 봐야 한다. 함께 일하는 동료, 부하 직원, 상사가 어떤 사람인지, 나랑 케미가 잘 맞을지, 역량은 충분한지 등을 따져봐야 한다. 좋은 사람들과 행복하게 일하는 것은 큰 복이다. '큰 복'이라고 말한 것은 이것이 일반적이지 않기 때문이다. 같이 일하는 사람 때문에 퇴사하는 경우가 굉장히 많으며 사람 관계로 인해 스트레스를 받는 직장인이 대다수이다. 물론 인간관계에서 어느 정도의 스트레스는 피할 수 없겠지만 내가 일을 수행하기에 걸림돌이 되는 수준이라면 이에 대해 심각하게 고민해봐야 한다.

내 경우 글로벌 브랜드의 전략 담당 포지션을 제안받은 적이 있다. 한국 지사장을 따라다니며 함께 일하는 자리였다. 그런데 면접을 보면서 한국 지사장이 굉장히 권위적이고 성격이 급해 비위를 맞추기 힘들다는 것을 알게 되었다. 면접 후 곰곰이 생각해보니 내가 아무리 좋은 성과를 내도 지사장의 비위를 맞추지 못하면 제대로 인정받지 못할 것 같았고, 굳이 애써 비위를 맞추기도 싫었다. 결국 그 포지션을 포기하기로 결정했다.

이처럼 입사 결정 전에 같이 일할 상사와 적어도 한 번은 대면해보고 어떤 사람인지 파악하는 것이 좋다. 이렇게 하기 어려우면 지인을 통해 간접적으로 그 사람에 대해 알아보는 방법도 있다.

3) 그다음을 기약할 수 없는 경우

마지막으로, 그 포지션 이후의 커리어에 대해 생각해봐야 한다. 회사에서 그 업무를 언제까지 할 수 있을 것인지, 그 이후 직급은 어떻게 될지 따져봐야 한다. 간혹 중요치 않은 자리인데 비워놓을 수는 없으니까 어쩔 수 없이 사람을 채워넣는 경우가 있다. 이런 자리는 되도록 가지 않는 것이 좋다. 그 자리로 가게 되면 커리어가 망가지고 빠져나오기도 어렵게 된다.

내가 받은 제안 중 한 사모펀드가 인수한 중견기업 사업개발 임원 자리가 있었다. 사업 실적이 좋지 않아 신사업 개발을 하기 위해 만든 자리로, 조건은 꽤 괜찮았다. 그러나 결국 고사했다. 그 포지션이 사모펀드 소속이 아니라서 중견기업 소속으로 머물러 있어야 했고, 아무리 봐도 실적이 쉽게 나올 것 같지 않았기 때문이다. 잘못하면 그곳이 내 마지막 회사가 될 수도 있을 것 같았다.

이렇듯 회사 안에서 다음 단계가 보이지 않거나 이후 다른 곳으로 이직할 수 있을지 없을지 불분명하면 굳이 이직할 필요가 없다. 오히려 지금 있는 곳에서 역량을 키우는 것이 낫다.

그 물에서 놀아본 사람이 유리하다
: 산업 전문성을 활용한 이직

산업의 전문성을 활용한 이직은 해당 산업에서의 풍부한 경험을 토대로 이직하는 전략 패턴이다. 이 패턴은 다시 두 가지로 나뉜다. 우선 오래된 산업의 경험을 바탕으로 높은 C 레벨 포지션으로 가는 경우, 그리고 신생 산업을 빨리 경험해보고 그 산업이 본격 성장할 때 이직 기회를 만드는 경우다.

첫 번째 패턴은 금융권에서 많이 찾아볼 수 있다. 금융권의 임원 레벨이 동종 업계 내에서 이직하는 경우를 많이 보게 된다. 특히 증권업, 카드업의 경우에는 거의 모든 회사들의 사업모델이 비슷하기 때문에 오랜 경험을 지닌 임원들의 자리바꿈이 활발하게 일어난다. 지인 중에도 국내 자산운용사, 외국계 자산운용사, 부티크 자산운용사를 거치면서 자산운용 업계에서 빨리 승진한 친구가 있다. 이 친구의 경우 동종 업계의 주요 자리를 두루 거치면서, 그리고 평판 관리를 잘 하면서 좋은 커리어를 쌓았다.

신생 산업 경험을 빨리해보고 이직을 하는 경우는 온라인 플랫폼 사업에서 찾아볼 수 있다. 한국에서는 20여 년 전에 이커머스 사업이 시작되었다. 인터파크는 온라인 쇼핑몰의 효시였으며 그 이후 옥션과 지마켓이 오픈마켓 시대를 열었다. 이후 소호몰이 급속도로 생기면서 이커머스의 롱테일 마켓이 형성되었고, 티몬, 위메프, 쿠팡이 생기면서 소셜커머스의 시대가 시작되었다. 이후 모바일 거래 비중이 커지면서 이커머스의 중심축이 모바일 커머스로 이동하기 시작했고, 모바일 플랫폼의 강점을 가진 네이버와 카카오가 본격적으로 이에 뛰어들었다.

그렇다면 초창기 인터파크 등 오픈마켓에서 일했던 사람들은 이후 어디로 갔을까? 모든 사람의 커리어를 따져볼 수는 없지만 인터파크에서 이베이로 이직한 직원들의 사례를 들 수 있다. 2000년대 초 인터파크에서 일하던 많은 인재들이 옥션으로 이직했고, 이후 옥션 이 이베이코리아에 인수되면서 이들이 이베이코리아의 성장을 이끌 며 주요 임원까지 승진하기도 했다. 이밖에 초창기 오픈마켓 플랫폼 에서 일했던 사람들 중 현재 모바일 커머스의 중심인 쿠팡이나 네이 버 등으로 이직한 경우도 많고, 일부는 전통 유통업(롯데, 신세계, 현대 백화점그룹 등)으로 이직해 온라인 사업을 이끌고 있다.

1) 오랜 경험을 동앗줄 삼아 올라가자

특정 산업에서 오랜 경험이 있어 전체적인 업무 영역을 잘 알고 있 고 연관 가치사슬의 네트워크가 좋은 경우에는 동종 업계에서 임원 포지션으로 이직하기가 쉽다. 가령, 예전 오비맥주 시절부터 국내 맥 주 마케팅 업무를 20년 가까이 한 분은 모회사가 인수한 주류 사업본 부의 마케팅 임원으로 이직했다. 또한 엘리베이터 영업을 20년 가까 이 하다가 업계가 호황일 때 동종 업계 내에서 이직하면서 임원 포지 션으로 계속 일을 이어간 경우도 있다. 이렇게 오랜 산업 경험을 토대 로 C레벨 포지션을 계속 이어가려면 실적이 좋아야 하고 리더십 또 한 뛰어나야 한다.

2) 남들이 안 해본 산업 경험은 대체 불가한 커리어 경쟁력이다

신생 산업의 태생기 때 경험을 활용해 동종 업계 경쟁사 혹은 후속

주자 회사로 이직할 수 있다. 복제약, 게임, 블록체인, 이커머스, O2O 여행업 등 비교적 최근에 형성된 산업은 초기에 그 업종에 종사했던 사람들이 좋은 자리를 차지하고 있다. 이 산업들은 워낙 빠르게 변화하고 다양한 변수들이 존재하기 때문에 이를 먼저 경험한 인재들이 반드시 필요했고, 산업이 성장함에 따라 이들에게 좋은 기회가 많이 생겼다.

셀트리온에서 초창기부터 생산관리를 한 직원이 대기업 계열 바이오 약품 생산업체에 좋은 대우를 받고 이직한 경우도 있고, 글로벌 여행사 고객 관리 매니저가 다른 경쟁사 임원으로 간 경우도 있다. 산업의 미래 성장성을 보며 초창기부터 그곳에 몸담은 사람들이 그 산업이 성장함에 따라 커리어에 대한 보상을 받은 것이다.

그렇다면 이런 패턴의 이직 시 고려해야 할 사항들은 무엇일까? 우선 그 산업이 얼마나 지속 가능할까를 판단해야 한다. 빨리 성장하는 산업은 의외로 빨리 사라질 수도 있기 때문이다. 2010년만 해도 스카이프 같은 인터넷 전화서비스 산업이 폭발적으로 성장했다. 하지만 인터넷 전화서비스 산업은 카카오톡, 라인, 왓츠앱 같은 모바일 커뮤니케이션 플랫폼에 통화 기능이 장착되면서 순식간에 축소되었다. 이런 산업에 어설프게 진출한 회사들은 현재 도산했거나 큰 어려움을 겪고 있다.

또한 신생 산업 경험이 어떻게 다른 기회를 만들 수 있는지 봐야 한다. 가령 블록체인 산업 경험을 가진 사람은 경력을 쌓고 나서 새로운 기술을 접목하려는 전통적인 금융업 회사로 이직할 수 있고, O2O 여행사의 경우 새로운 분야를 개척하려는 기존 항공업이나 호텔업으로 이직 기회가 생길 수 있다.

이에 더해, 이직하려는 회사의 지속 가능성을 봐야 한다. 변화가 빠른 산업에서는 회사의 장기적인 생존이 쉽지 않을 수 있다. 특히 선도 기업의 시장 영향력이 큰 산업의 경우는 더욱 그러하다. 가령 배달앱 시장은 먼저 진출한 회사가 공고한 시장점유율을 차지하고 수익을 내기 좋은 구조에 있다. 자연히 후발 주자들은 상당히 고전하기 마련이다. 이러한 경쟁 환경에서 신생 업체로 이직하는 것은 커리어에 큰 손상을 입히는 결정이 될 수 있다. 아무리 신생 회사가 열심히 노력한다고 해도 선점효과를 뛰어넘는 것은 거의 불가능하기 때문이다.

을에서 갑 회사로 옮겨보자
: 특정 산업의 가치사슬을 활용한 이직

특정 산업의 가치사슬을 활용한 이직은 흔히 말하는 '을에서 갑 회사로 이직'하는 경우를 말한다. 가령 자동차 산업의 경우 현대기아자동차가 첫 번째 티어(1st tier) 제조사이고, 그 밑에 현대모비스, 현대위아, 한온시스템, 현대제철 같은 부품 및 모듈을 생산하는 두 번째 티어(2nd tier) 제조사들이 있다. 두 번째 티어 밑에는 수많은 중소 자동차 부품사들이 세 번째 티어(3nd tier)를 형성하고 있다. 건설사도 대형 건설사와 같은 주 시공사가 있고 그 밑에 수많은 공사 수행 협력사, 자재 제조사, 엔지니어링 회사, 장비 공급 회사 등이 있다. 메인 건설사의 공사, 설계, 품질 부서에 이러한 하위 티어 회사 출신들이 자리잡고 있는 경우를 어렵지 않게 볼 수 있다.

하위 티어 회사에서 일을 아주 잘하는 소위 '에이스'들은 상위 티어 회사의 영입 타깃이 된다. 실력은 검증되었고 업무 관련 네트워크, 지식, 경험도 갖추고 있기 때문이다. 이러한 패턴의 이직은 보통 상위 가치사슬에 있는 고객사와 함께 일하다가 개인적인 친분을 쌓고 뛰어난 업무 실력을 인정받아 자연스럽게 이뤄지는 경우가 많다. 이렇게 하위에서 상위 티어 회사로 이직하는 사람들을 보면 대부분 탁월한 역량을 갖고 있다. 업무 능력은 기본이고 유관 부서 및 회사와의 네트워크도 좋으며 겸손하다. 따라서 상위 티어 회사 입장에서는 아주 안정적인 인재 확보 전략이 된다.

어떻게 하면 이런 패턴의 이직이 가능할까? 이 답은 너무 뻔한 것 같다. 바로 자신의 회사에서 최고의 인재가 되는 것이다. 최고의 인재라서 상위 티어 회사에서 탐을 낼 만한 사람이 되어야 한다. 이런 패턴의 이직을 하는 경우 이직 과정에서 신경을 쓸 부분이 두 가지 있다.

1) 잡음을 내지 않게 주의하라

무엇보다 잡음 없이 옮겨야 한다. 그러려면 끝까지 보안에 신경을 써야 한다. 재직 중인 회사에는 이직이 최종 확정되기 전까지 이직 과정에 있다는 사실이 절대 알려지면 안 된다. 이직 과정에서는 뭔가 잘못되어 이직이 불가능해지는 경우가 항상 생길 수 있다. 이 가능성을 염두에 두고 끝까지 보안에 신경을 써야 한다.

보안에 실패할 경우 기존 네트워크가 있는 상황이기 때문에 이직 소식은 금방 양쪽 회사에 퍼지기 마련이다. 문제는 소문이 퍼지는 순간 반드시 이직을 해야 하는 상황에 처하게 된다는 것이다. 이렇게 되면 이직하는 회사에서 연봉 및 직급 협상 시 불리하게 작용하게 된다. 이직할 회사의 인사 담당자도 소문이 퍼진 순간 당신은 돌아갈 곳이 없다는 것을 잘 알기 때문이다. 만일 이직에 실패하게 되는 경우에는 재직 중인 회사에서 커리어가 꼬이기 십상이다.

2) 이전 회사에 못할 짓을 하지 말라

또한 직업의식을 지켜야 한다. 이전 회사의 기밀사항은 철저히 함구하고 퇴직하는 순간 모든 정보를 포맷해야 한다. 가령 자동차 공조 회사의 제품 담당자였다면 공조 시스템의 제품원가를 상세히 알더라도 현재 이직한 회사에 누설하면 안 된다. 이전 회사의 기밀은 이직한 회사에서 업무를 할 때 혼자 참고할 수는 있어도 공유할 대상은 아니다. 만약 이전 회사의 기밀을 누설한다면 전 직장에서는 배신자로 낙인찍히고, 이직한 회사에서도 간사한 사람으로 이미지가 형성될 수 있다.

이러한 행위는 단기적으로 이직한 회사에 성과를 가져다줄 수는 있지만 당신의 평판에는 치명적으로 작용할 수 있다는 점을 명심해야 한다. 생각해보자. 부하직원이 이전 회사의 기밀 정보를 거리낌 없이 당신에게 보고한다면, 그 부하직원을 믿겠는가?

직업의식은 당신의 브랜드이고 평판에 직결되는 문제이므로 철저히 지켜야 한다.

3) 끝까지 좋은 뒷모습을 남겨라

마지막으로, 떠날 때 잘 떠나야 한다. 떠나보내는 회사 입장에서는 인재를 빼앗겼다는 서운함과 배신감이 들 수 있다. 한편으로는 남겨진 직원들의 부러움도 있을 것이다. 이직 후에도 이들을 계속 만날 가능성이 높기 때문에 떠날 때 떠나더라도 인수인계를 잘하고 끝까지 성실한 모습을 보여야 한다.

또한 계속해서 사람들과 좋은 관계를 유지해야 한다. 사람의 앞날은 아무도 모른다. 이직을 한 후에도 동종 업계에서 도움을 받을 수도 있고 혹은 그 회사로 다시 돌아오게 될 수도 있다. 따라서 아름다운 이별을 해야 한다.

전문직의 강점을 살려 옮기자
: 전문 서비스 경험을 활용한 이직

전문 서비스 경험을 활용한 이직 사례는 많다. 회계사가 일반 기업의 재무팀으로, 컨설턴트가 전략기획팀으로, 변호사가 사내 법무팀으로 가는 경우가 대표적이다. 이러한 전문가들은 짧게는 3년, 길게는 10년 정도의 전문 서비스 제공 경험을 갖고 이직을 한다. 예전에는 이런 전문가들이 좋은 대우를 받고 일반 기업으로 이직하는 경우가 많았지만 요즘은 대우가 예전 같지는 않다. 이미 비슷한 경험을 가진 선배들이 자리를 잡았기 때문이다.

이러한 전문가 집단은 상대적으로 이직이 쉬운 편이다. 이들이 쌓은 경험은 일반 회사에서 일하는 직원보다 다양하고 깊기 때문이다. 가령 회계사들의 회계 감사 업무는 일반 기업 회계팀에서보다 다양한 산업에서 짧은 시간에 압축적으로 이뤄진다. 또한 전략 컨설팅 회사에서 수행하는 기업 성과 개선 프로젝트는 일반 회사에서 하는 것보다 훨씬 다양하고 다이내믹하다.

이처럼 전문가 집단은 높은 경쟁력을 활용해 이직을 하기 때문에 상대적으로 선택지가 다양하며 나쁘지 않은 조건으로 이직할 수 있다. 그렇다면 이러한 전문가 집단의 구체적인 이직 경로는 어떻게 될까?

1) 헤드헌터를 이용한다

가장 흔한 경우는 헤드헌터를 통해서이다. 헤드헌터는 고객사가 원하는 포지션의 직무기술서를 받으면 가장 먼저 전문가 풀을 찾아서 그 안에서 적당한 사람을 골라 이직 의사를 묻는다. 전문가를 추천하는 것이 성공 확률이 높다는 것을 알기 때문이다.

헤드헌터가 찾는 전문가 풀에 드는 방법은 간단하다. 이력서를 업데이트해서 송부하기만 하면 된다. 이때 이력서의 키워드를 각별히 신경써서 넣어야 한다. 헤드헌터들은 헤드헌팅 회사의 DB에 저장된 이력서를 키워드로 검색해서 선별해 뽑아내기 때문에 잘 검색되는 키워드를 넣어주면 유리하다. 그동안 했던 프로젝트를 디테일하게 적는 것보다는 키워드 중심으로 구성하는 것이 좋다.

2) 프로젝트를 발판 삼는다

프로젝트를 하면서 이직하는 경우도 볼 수 있다. 프로젝트를 진행하면서 고객사에 추진해야 하는 업무를 제안하고, 고객사에 그 업무의 적임자가 없을 경우 그 포지션으로 이직하는 케이스 등을 들 수 있다.

전문가가 프로젝트를 완료한 이후에 이직하면 안정적으로 정착할 수 있다는 장점이 있다. 프로젝트가 진행되는 동안 함께 일했기 때문에 관계자들을 잘 알고 있을 뿐 아니라 이직 후 해야 할 일도 명확하게 파악할 수 있기 때문이다.

나아가 그 회사의 전체적인 분위기, 문화, 인간관계도 어느 정도 파악을 한 상태이기 때문에 장단점을 사전에 인지하고 이직할 수 있어서 좋다. 또한 고객사는 채용 전에 업무 스타일, 능력, 대인관계에 대해 파악을 마친 상태이기 때문에 처우를 제시할 때 이를 참고할 수 있다.

프로젝트를 활용해 이직하는 경우에는 전략적인 접근이 필요하다. 그 회사로 옮기고 싶다는 생각이 들면 일단 주요 임원들을 잘 알아놓고 좋은 네트워크를 구축해야 한다. 결국 이들이 당신을 채용하자고 사내에 제안해주고 이직 후 당신과 함께 일할 사람들이기 때문이다. 또한 프로젝트 중에는 자신의 가치를 명확히 보여줘야 한다. 일만 잘한다고 되는 것이 아니라 고객사의 문제에 대해 내부자의 입장에서 진정성 있게 고민하고 가시적인 결과물을 만들어내야 한다.

내 경우 한 대학교의 중장기 발전 전략 프로젝트를 팀장 자격으로 진행하면서 그 대학의 전략기획실장 자리를 제안받은 적이 있다. 아쉽게도 프로젝트 종료 이후 영국에 있는 회사로 이직할 예정이었고 연봉협상까지 끝낸 상황이라 제안을 고사했지만, 왜 나한테 이렇게 과분할 정도로 좋은 제안을 했을까 궁금했다. 프로젝트가 끝난 다음 총장님과 대화할 기회가 생겼을 때 조심스럽게 여쭤보았다.

"총장님, 제가 나이도 어리고 박사학위도 없는데 이렇게 중요한 자리를 제안하신 이유가 무엇인가요? 그리고 교내에 뛰어난 교수님도 많으신데 왜 저같은 외부인을 그 자리에 앉힐 생각을 하셨는지 궁금합니다."

총장님은 사람좋은 웃음을 지으며 대답하셨다.

"일도 잘해주었지만 송 팀장이 이 학교를 자신의 학교인 것처럼 고민하고 진정성 있게 중장기 전략을 고민해준 점이 마음에 들었습니다. 외부인이지만 주인의식을 갖고 내 고민을 같이 나눌 수 있는 사람이 필요했기 때문에 제안을 했던 것입니다."

생각해보면 실력 있고 뛰어난 전문가들은 너무나 많다. 하지만 진정성을 갖고 내 회사인 것처럼 치열하게 고민하는 사람은 적은 것 같다. 이 패턴을 통해 이직을 하고자 한다면 프로젝트 기간 동안 오너십을 갖고 그 회사의 이슈에 대해 치열하게 고민하고 가시적인 성과를 만들어야 한다.

지인 찬스를 이용한다
: 지인 네트워크를 활용한 이직

말 그대로 지인 찬스이다. 해당 포지션이 불특정 다수에게 알려지기 전에 지인을 통해 이직 기회를 만드는 것이다. 최근에는 공정성 측

면에서 이런 기회를 만드는 것이 쉽지는 않다. 하지만 비밀을 요하는 자리이거나 희소성이 있는 경험을 필요로 하는 경우 이런 방식을 통해 소수의 사람을 대상으로 채용 절차를 진행한다.

따라서 평소에 관심이 있는 자리가 있다면, 그 회사에 다니는 지인에게 "빈 자리가 생기면 내게 빨리 알려줘"라고 적극적으로 부탁해야 한다. 수시로 확인하면서 해당 자리에 공석이 생겼을 때 먼저 면접 기회를 얻는 것이다. 어떻게 보면 조금 과한가 싶기도 하지만 회사에 대한 관심과 적극성을 어필할 수 있는 장점이 있기도 하다.

요즘 지인 네트워크를 활용한 이직을 시스템적으로 양성화한 서비스가 있다. '원티드'라는 지인 추천 서비스로, 내가 헤드헌터가 되어 지인을 추천하고 지인이 해당 포지션으로 이직을 하면 수수료를 받는 방식이다. 원티드는 액센츄어 컨설턴트 출신이 만든 회사인데, 재미있는 사실은 나도 이전에 동일한 사업 구상을 했었다는 것이다.

배경에는 당시 액센츄어의 '리퍼럴 보너스(Referral Bonus)' 제도가 있다. 컨설턴트를 채용할 때 지인을 추천하고 그 지인이 액센츄어에 입사하면 몇백만 원의 보너스를 받는 내부인 추천 제도다. 액센츄어에서는 지인 추천을 통해 입사한 사람이 훨씬 정착도 잘하고 역량이 훌륭하다는 내부 평가가 있어 이를 적극 활용한 것이다. 이를 미루어 보아 지인 네트워크를 활용한 이직은 구직자와 기업 양쪽에게 신뢰성을 주는 이직 패턴이라고 볼 수 있다. 이러한 지인 네트워크를 활용한 채용 시스템의 파워를 나뿐만 아니라 원티드도 생각했던 것 같다.

현재 원티드가 스타트업 시장에서 유니콘으로 성장하고 있다는 사실은 채용시장에서 지인 네트워크를 통한 이직이 좋은 방법이라는 것을 인정하고 있다는 시그널로 볼 수 있을 것이다.

◆◆◆

지금까지 이직의 다섯 가지 전략 패턴에 대해 알아봤다. 이 중 자신의 위치에서 가장 적합하고 효과적인 이직 전략 패턴이 무엇인지 고민해보고 어떻게 실행에 옮길지 숙고해보자.

준비되지 않은 사람은 성공적인 이직을 할 수 없다. 성공적인 이직은 최적화된 이직 전략을 수립하고 이를 면밀히 실행하는 집요함이 있어야 가능할 것이다.

회사 분석 & 이직 전략 수립

1 이직할 회사를 분석해보자(10점 만점).

· 사업의 성장성 점수 (　　)점

　그렇게 생각하는 이유는?

· _____

· _____

· _____

· 성과 창출 가능성 점수 (　　)점

　그렇게 생각하는 이유는?

· _____

· _____

· _____

· 업무의 시장성 점수 (　　)점

　그렇게 생각하는 이유는?

· _____

· _____

· _____

2 원하는 회사로 이직할 수 있는 방법을 생각해보자.

이직 전략 패턴	가능 여부	구체적인 방법
업무 전문성		• • •
산업 전문성		• • •
가치사슬 활용		• • •
전문 서비스 경험		• • •
지인 네트워크		• • •

PART
03

까다로운 첫 관문,
서류 합격하기

채용 담당자 눈에 드는
이력서 쓰는 법

이력서 쓸 때
지켜야 할 다섯 가지

막상 이직을 하고 싶어도 현실적으로 가장 어렵고 귀찮은 것이 자기소개서 혹은 이력서 작성이다. 이력서 대필 서비스가 성행하고 있다는 사실이 이력서 작성의 귀찮음과 어려움을 방증한다. 나 역시 이직을 해야 하는데 이력서를 업데이트하기 귀찮아서 차일피일 미루다가 기회를 놓친 적도 있다.

하지만 어떻게 이력서를 안 쓰고 이직을 하겠는가? 싫고 귀찮더라도 이직을 하려면 반드시 필요한 게 이력서이고, 어차피 작성해야 한다면 할 때 제대로 해놓아야 두고두고 덜 고생한다.

그동안 매년 이력서를 수정 및 보완하고 그 이력서로 수많은 면접을 봤다. 더불어 다양한 산업에서 각기 다른 포지션에 지원하는 지인들의 이력서를 검토하고 조언해주었다. 그러다보니 잘 쓴 이력서와 그렇지 않은 이력서들의 특징을 알 수 있게 되었다. 좋은 이력서의 공통된 특징은 크게 다섯 가지로 정리해볼 수 있다.

- 객관적인 성과를 제시해 신뢰성을 부여한다
- '그들이 원하는' 경험과 성취 위주로 나열한다
- 성과를 돋보이게 하는 구체적 사례를 제시한다
- 커리어의 흐름을 한눈에 보이게 구조화한다
- 완결성에 신경 쓴다.

이제부터 가상의 사례를 통해 이력서 쓸 때 반드시 지켜야 할 다섯 가지 원칙을 설명하려 한다.

객관적인 성과를 제시해
신뢰성을 부여한다

김영철 씨는 A은행 수도권 콜센터 운영을 담당하는 차장이다. 그는 콜센터 운영 업무 전반을 책임지고 있으며 그가 관리하는 전화 응대 직원은 40명가량 된다. 영철 씨는 회사에서 유능한 관리자로 꽤 인정받고 있다.

그러나 최근들어 콜센터 업무에 인공지능이 적용되면서 처리해야 하는 콜의 양이 줄어들고 있으며, 회사가 비용 절감 차원에서 콜센터 기능 자체를 아웃소싱한다는 흉흉한 소문이 돌고 있다. 불안해진 영철 씨는 회사를 떠나 아직 콜센터 업무가 활발하게 이뤄지는 B보험사로 이직을 하고자 한다. 현재 직급이 차장이라서 가능하면 직급을 올리며 팀장급으로 옮길 수 있다면 좋겠다는 생각이 들었다.

퇴근하고 돌아온 영철 씨는 노트북을 켜고 오랜만에 이력서 폴더를 열었다. 현재 회사에 입사할 때 썼던 이력서에 그동안 한 경험과 성취 등을 덧붙이기 시작했다. 영철 씨는 A은행 수도권 콜센터 관리자 중 가장 뛰어난 사람이라는 것을 어필하기 위해 자기소개란 첫 줄에 다음과 같이 적었다.

콜센터 업무를 훌륭하게 해내는 뛰어난 관리자

영철 씨는 B보험사에 이력서를 제출하고 설레는 마음으로 기다렸다. 그러나 결과는 서류 탈락이었다. B보험사 채용 담당자는 쏟아져 들어오는 이력서를 전부 꼼꼼히 읽을 시간이 없었다. 이력사항을 훑어보고 자기소개란은 앞 부분만 읽고 별로라고 생각되면 곧장 쓰레기통에 넣었다. 쓰레기통에 버려진 다른 이력서들을 보니 하나같이

"뛰어난 관리자"이고 "업무 실력이 훌륭"하다고 쓰여 있었다. 채용 담당자가 짜증을 내며 이렇게 말하는 소리가 들리는 듯하다.

"세상에 뛰어나고 훌륭한 관리자가 넘쳐나는군."

가상의 사례지만 충분히 현실에서 일어나고 있는 일이기도 하다. 뛰어나고 훌륭한 업무 실력을 갖춘 수많은 사람들의 이력서가 버려진다. 왜 이들은 서류전형부터 탈락하는 것일까?

그 이유는 아무리 뛰어나고 훌륭한 업무 실력을 지녔어도 그것을 효과적으로 전달하지 못하기 때문이다. 그렇다면 어떻게 하면 채용 담당자들이 당신의 멋짐을 알아보게 만들 수 있을까? 바로 당신이 훌륭하고 업무 능력이 뛰어나다는 증거를 이력서에 눈에 띄게 보여주면 된다.

다시 김영철 씨 사례로 가보자. 영철 씨가 탁월한 관리자이고 직원들을 잘 관리한다는 것을 효과적으로 알리는 방법은 뭘까? 영철 씨는 2년 전 콜센터 직원을 대상으로 조사한 A은행 전국 콜센터 중간관리자 역량 평가에서 1등을 했다. 이 사실을 이력서에 간략하지만 인상적인 광고 문구처럼 서술하면 좋을 것이다.

A은행의 전국 50여 개 콜센터 관리자 중 직원 만족도 1위 달성

B보험사 채용 담당자는 이 문장을 보고 '이 사람은 면접을 한번 봐야겠다'라는 생각이 들 것이다. A은행 콜센터 운영 관리자 중 1등이라는 사실이 뇌리에 바로 박혔기 때문이다. 이처럼 자신의 성취를 객관적인 지표로 뒷받침하는 이력서는 신뢰성을 높인다. 신문을 볼 때 객관적 지표가 들어간 기사에는 눈길이 가고, 주관적 의견이 주가 되는 사설에는 눈길이 잘 가지 않는 것과 똑같다.

외국 회사도 마찬가지다. 2012년 MBA 과정을 밟고 있을 때, 한 프랑스 친구의 이력서를 인상깊게 본 적이 있다. 그 이력서에는 이렇게 쓰여 있었다.

Achieved 30% sales growth in retail channel despite the economic crisis in 2008(2008년 금융위기 기간 유통 채널 성장률 30% 달성).

이 표현을 보는 순간 머릿속에는 '이야, 금융위기가 있던 2008년에도 유통채널에서 30% 매출 성장을 시킨 대단한 친구구나'라는 생각이 바로 스쳐지나갔다. 대단한 수식어는 없지만 '2008년 금융위기 기간에도(despite the economic crisis in 2008)'라는 말이 '30% 매출 향상(30% sales growth)'의 성과를 찬란하게 비춰주는 듯했다.

이런 식으로 이력서에는 자신의 훌륭함을 증명하는 사실을 기술하고 이것이 인상적인 이미지를 만들어야 한다.

'그들이 원하는' 경험과 성취
위주로 나열한다

이력서에 가장 많이 하는 실수가 관련 없는 업무 경험들을 나열하는 것이다. 물론 자신의 성과를 자랑하고 싶어하는 마음은 충분히 이해가 간다. 하지만 이런 욕심 때문에 대강 읽고 버리고 싶은 이력서가 되는 것이다. 사람들은 본인이 듣고 싶어하는 것만 듣고, 읽고 싶어하는 것만 읽는다는 사실을 기억하라. 이 명제를 채용 담당자 입장에서 재해석하면 다음과 같다.

채용 담당자는 해당 직무에 필요한 이력서만 읽고 싶어하고 그렇지 않은 이력서는 버리고 싶어한다.

왜 채용 담당자는 해당 직무에 필요한 이력서만 읽고 싶어할까? 이들은 가장 적합한 사람을 뽑아야 하는 의무가 있기 때문이다. 채용 담당자가 제일 듣기 싫어하는 말 중 하나가 면접 후 면접관이 내뱉는 불평이다.

"면접을 해보니 완전히 시간 낭비네. 왜 저런 사람하고 면접을 보라고 했지? 무슨 생각으로 서류를 통과시킨 거야?"

이런 말을 들으면 채용 담당자는 적잖이 당황스러울 것이다. 따라서 채용 담당자는 해당 포지션에 최대한 적합한 사람을 가려내려 노력하고, 이력서에 자신이 찾던 직무 경험이 확실히 적혀 있을 때 비로소 면접 기회를 줄 것이다.

앞의 김영철 씨의 이야기로 되돌아가보자. 영철 씨가 B보험사 콜센터 팀장 자리에 지원하면서 자신의 능력을 뽐내려고 영업지점 근무 당시 예금상품 판매 실적을 100% 초과 달성했다는 내용을 이력서에 넣었다고 가정하자. 채용 담당자는 "예금상품 판매 실적 100% 초과"라는 문구를 보는 순간 그 성공스토리를 높게 쳐주기보다는 '영업사원 모집하고 있는 게 아닌데…'라고 하면서 이력서를 한쪽으로 치워버릴 가능성이 높다.

그렇다면 이력서는 어떻게 써야 할까? 우선 불필요한 이력 내용은 과감히 삭제한다. 이를 삭제하고 비워진 자리는 해당 포지션과 관련된 업무 경험들로 채운다. 양보다는 질이라는 생각을 갖고, 이력은 최대한 해당 포지션에 연관된 내용으로 바꿔야 한다. 물론 이전 이력을 속이거나 속된 말로 '마사지'하라는 뜻은 아니다. 당신의 경력을 채용 담당자가 원하는 내용에 맞춰 '하이라이트'하라는 것이다.

성과를 돋보이게 하는
구체적 사례를 제시한다

　많은 사람들이 이력서가 본인을 소개하는 문서라고 착각한다. 하지만 엄밀히 말하면 이력서는 당신을 소개하는 문서가 아니라 당신의 '업무 성과를 자랑'하는 문서이다. 그렇기 때문에 이력서의 처음부터 끝까지 당신의 성과를 자랑해야 한다. 그리고 그 성과가 잘 드러나 있어야 한다. 당신이 했던 업무 내용을 이해하기 쉽게 설명하고 그 결과가 어떠했으며 그 과정에서 어떠한 소프트스킬•을 발휘했는지에 대한 설명이 있어야 한다.

　이때 성과가 숫자로 표현되면 성과의 구체성과 신뢰성이 배가된다. 사람들은 일반적인 설명만 있는 것보다 구체적인 숫자가 뒷받침되면 더욱 신뢰하고 인상적으로 느끼기 때문이다. 인간의 두뇌는 많은 정보량을 처리하기 위해 가장 효과적인 방법을 찾는다. 이력서에 수많은 형용사와 부사가 당신의 성과를 자랑하기 위해 들어가 있겠지만, 이력서를 읽는 입장에서 가장 쉽게 기억하는 것은 숫자이다. 가령 당신이 물류비용을 열심히 절감했다고 하자. 이 성과를 표현할 때 '획기적인 비용 절감'보다는 '전년 대비 30% 비용 절감'이라는 표현이 당신의 성과를 구체적으로 보여준다.

•　커뮤니케이션, 전략적 사고, 리더십 등 업무와 간접적으로 관련된 능력

이런 식으로 당신이 한 일, 수치로 나타난 성과, 그 과정에서 당신의 역량이 어떻게 적용되었는지 표현이 잘 되면 자기 자랑을 겸손하게, 그리고 효과적으로 할 수 있다. 또한 면접 시 이력서에 기술된 내용 중 궁금한 부분을 물어보는 경우가 흔하기 때문에 이렇게 잘 표현된 자기 자랑은 좋은 화젯거리가 될 가능성도 있다.

영문 이력서 작성 시 알아두면 좋을 팁

외국계 기업에 지원할 경우 영문 이력서에 성과를 겸손하게 숫자로 자랑할 수 있는 공식 같은 표현이 있다. 다음 팁을 참고해보자.

1) 팀웍을 통해 좋은 성과를 낸다는 것을 어필하고 싶을 때
동사 + 목적어 + 숫자 형용사적 표현 + with 사람 혹은 팀

영문 Achieved 20% sales growth in EU region with multinational team in EU continent.

국문 유럽 지역에서 다국적 팀 동료들과의 협업을 통해 유럽 지역 매출 성장 20% 달성.

내가 유럽 지역에서 온라인 채널 매출을 20% 증가시켰다고 할 경우, 누가 봐도 이 성과는 개인 혼자 달성할 수 있는 것이 아니다. 따라서 이는 유럽 지사 동료들과 함께 달성한 성과라고 밝히자. 이 경우 뒤에 'with multinational team'이라고 표현함으로써 국적을 초월한 팀에서 나의 협업 역량을 간접적으로 뽐낼 수 있다.

2) 전략적 사고나 리더십을 표현하고 싶을 때

동사 + 목적어 + 숫자 형용사적 표현 + by 동사ing(develop, design, lead, etc.)

영문 Achieved 20% sales growth by designing new promotion campaign.

국문 새로운 프로모션 캠페인을 설계함으로써 20% 매출 성장 달성.

프로모션 캠페인을 집행하면서 기존에 해왔던 방식에서 탈피하려 새로운 프로모션을 기획했고 그 결과 매출이 20%나 증가한 경우, '내가' 그 새로운 프로모션을 제안했다고 자랑하고 싶을 것이다. 그럴 경우 by designing이라는 표현을 이용해 이를 어필할 수 있다.

3) 어려운 상황에서 거둔 뛰어난 성과를 표현하고 싶은 경우

동사 + 목적어 + 숫자 형용사적 표현 + despite 어려운 상황

영문 Delivered 30% sales growth despite marketing budget reduction.

국문 마케팅 예산 삭감에도 불구하고 30% 매출 성장 달성.

여기에서 핵심은 '불구하고'에 있다. 가만히 있어도 30% 매출 신장이 가능한 상황이 있고 아무리 열심히 해도 1%도 올리기 어려운 상황이 있다. 경제위기, 팬데믹 등 전 세계적으로 불황이 찾아올 때는 매출 성장이 어려운데 이에 불구하고 성장을 이뤄냈다면 위와 같은 표현으로 본인의 성과를 자랑할 수 있다.

4) 해당 성과로 인해 달성한 추가적인 성과를 표현하고 싶은 경우

동사 + 목적어 + 숫자 형용사적 표현 + resulting in (becoming) 숫자 표현

영문 Achieved 20% sales growth resulting in the largest market share in TV category.

국문 20% 매출 성장을 통해 TV 카테고리에서 시장점유율 1위 달성.

20% 매출 성장도 훌륭한 일이지만 만년 2위 업체가 20% 매출 성장을 통해 시장점유율 1위가 되었다면 시장점유율 1위를 분명히 강조해야 한다. 이럴 때는 'resulting in'과 같이 그 결과로 어떠한 성과가 생겼는지 서술해줘야 당신의 성과를 더 돋보이게 만들 수 있다.

커리어의 흐름을
한눈에 보이게 구조화한다

이력서는 그동안의 성취를 기록한 것이다. 각 기록은 퍼즐의 한 조각이며 이 퍼즐 조각들이 모여 전체적으로 일관성 있는 한 그림을 보여줘야 한다. 이력서에 쓴 한 줄 한 줄은 그동안 당신이 어떤 길을 걸어왔고 어떤 사람인지를 보여준다. 하지만 아무리 그 한 줄 한 줄이 대단해도 이를 잘 구조화시켜서 하나의 큰 그림을 보여주지 않으면 채용 담당자는 당신을 제대로 알아보려고 하지 않을 것이다.

그림3.1을 보자. 그림의 삼각형 퍼즐 조각들은 그동안 당신이 직장에서 달성한 성과들이다. 즉 당신의 커리어 조각들이다. 안타깝게도 대부분의 이력서들이 커리어 조각들을 단순하게 나열하는 수준에 그친다. 조금만 신경 써서 커리어의 조각들을 잘 배열하고 구성하면 당신에 대한 큰 그림을 보여줄 수 있는데, 이것을 잘 보여주는 이력서는 매우 드물다. 사실 이력서에 자신의 성과들을 잘 배열하고 구성해 커

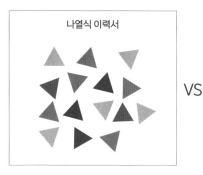

그림 3.1 나열식 이력서와 피라미드식 이력서의 차이

리어를 구조적으로 잘 보여주는 일 자체가 매우 어렵다.

나도 마찬가지였다. 내가 처음으로 이력서다운 이력서를 만든 것은 MBA 과정을 밟을 때였다. 당시 커리어 센터를 통해 전문가에게 1:1 이력서 코칭을 받았다. 이 전문가의 도움으로 2개월 동안 7~8번의 수정을 거쳐 처음으로 제대로 된 이력서를 만들었다. 처음에 작성한 이력서도 내가 볼 때는 충분히 잘 작성한 것 같았는데, 이력서 전문가는 수많은 코멘트와 함께 계속 수정을 요구했다. 단어 하나, 문구 하나, 이력사항의 배열 순서 등 아주 세부적인 부분까지 고치는 과정은 정말 힘들었지만, 일단 구성을 하고 나니 꽤 괜찮은 이력서가 탄생했다.

당시에는 세부적인 부분 위주로 수정했다고 생각했지만, 이제 와서 보니 이력서 전문가가 내게 요구했던 것은 이력사항들이 모여 나를 효과적으로 표현하도록 피라미드 구조에 맞춰 구성하라는 것이었다. 그때 처음 시작한 것이 차별화된 '나만의 특장점'에 대한 정의를 내리는 것이었다. 내가 정의한 차별화된 나만의 특장점은 아래와 같다.

국문 7년간의 전략, 성과관리, 프로세스 개선 컨설팅 경험이 있습니다. 문제 정의를 명확히 하고 혁신적인 해결 방안과 실행책을 제시하는 역량을 보유했습니다. 탁월한 커뮤니케이션 능력과 인재개발 능력으로 다국적 팀을 이끈 프로젝트 매니저 경험이 있습니다.

영문 7+ years of management consulting experience focusing on strategy, performance management, and process innovation. Proven ability to crystallize business problem and deliver innovative solutions with execution plan. Seasoned project manager leading cross-cultural teams with excellent communication and people development skills.

이렇게 나만의 특장점을 정의한 후, 이에 맞춰 이력서의 문장 위치를 바꾸고 세부항목의 표현을 가다듬었다. 가령 나만의 특장점에서 기술된 "다국적 팀을 이끄는 프로젝트 매니저(Project manager leading cross-cultural teams)"를 뒷받침하기 위해 내가 다국적 팀을 이끈 경험과 구체적인 성과가 녹아들 수 있도록 표현을 바꾸었다. 이전 버전의 이력서에서는 내 M&A 경험을 아래와 같이 표현했었다.

〈수정 전〉

국문 이사회 멤버로 스타트업 회사의 인수합병을 진행했습니다.

영문 Led M&A of start-up company as a board member.

나는 이 프로젝트가 조금 더 글로벌한 프로젝트임을 강조하기 위해 다음과 같이 바꾸었다.

〈수정 후〉

국문 인수 실사 및 딜 구조 설계를 포함한 캘리포니아 소재 스타트업 인수합병을 진행했습니다. 또한 이사회 멤버로 인수 후 통합을 주도했습니다.

영문 Led M&A of California-based start-up including due diligence and deal structure design; led post-merger integration as a board member.

이렇게 구성하니 이력서가 달라지기 시작했다. 한껏 멋부린 정장을 입을 때처럼, 내 특장점을 어필하면서도 부각하고 싶은 성과가 단정하게 정리가 되는 것 같았다. 이렇게 내용을 효과적으로 구조화함으로써 이력서의 질을 높일 수 있었다.

1) 이력사항 정리

한편, 채용 담당자는 이력사항을 읽고 나면 당신이 어떠한 사람인지 그려볼 수 있어야 한다. 그림3.2를 보자. 채용 담당자는 이력서에서 맨 밑에 있는 이력사항들을 읽는다. 이는 당신에 대해 어필하는 정보들이다. 하지만 대부분의 채용 담당자는 두서없이 나열된 이력사항들을 읽다가 쉽게 싫증을 내고 더 이상 읽지 않는다. 눈앞에 선명한 그림이 그려지지 않기 때문이다.

그림 3.2 잘 작성된 이력서를 보는 채용 담당자의 시선

하지만 틀을 잘 잡아놓은 이력서는 채용 담당자가 읽으면서 그림을 그릴 수가 있다. 이력서에 기술된 'SNS 채널 운영 경험', '빅데이터 구축 경험', '자산관리 온라인 채널 운영' 등의 정보가 잘 전달되면 채용 담당자는 '음, 디지털 마케팅 경험도 풍부하고 증권업에 대한 이해와 고객 인사이트도 있어. 그리고 팀장으로서 리더십도 확실히 있는 것 같네'라고 생각하게 된다. 그러면 이력서는 합격 서랍에 분류되고 면접의 기회를 얻을 가능성이 커지게 된다.

2) 핵심 메시지 & 나만의 특장점

그렇다면 피라미드 구조의 이력서는 구체적으로 어떻게 구성해야 할까? 첫 출발은 '핵심 메시지 작성'이다. 이는 쉽게 말해 내가 '채용 담당자 머릿속에 넣고 싶어하는 메시지'를 정하는 것이다. 그림3.2에서 핵심 메시지는 뭘까? 바로 "저 사람은 증권사 디지털 마케팅 팀장으로 적격이다"가 될 것이다. 이때 핵심 메시지는 그 근거가 되는 판단 논리를 전달해야 생긴다. 즉 '왜 내가 증권사 디지털 팀장으로 적임자인지' 설명하는 논거가 제시되어야 한다.

이 논거를 잘 제시하기 위해서는 직무기술서를 보면서 이 포지션의 주요 업무를 면밀히 확인하고 그 업무를 수행하기 위한 역량, 경험, 성격 등을 파악해야 한다. 보통 좋은 채용 공고문은 이러한 사항들이 자세히 언급되어 있다. 채용 공고문을 보면서 그 회사가 채용하기 원하는 인재상을 파악하고 그 인재상과 부합하는 방향으로 내 이력을 작성해야 한다.

그러고 나서는 다른 사람과 차별화되는 나만의 특장점을 정의하고 이를 뒷받침하는 이력사항을 상세히 기술한다. 이는 그림3.2처럼 구조적으로 세심하게 작성해야 한다. 나만의 특장점을 표현하는 데 쓰인 단어 혹은 문구들을 포함하고, 가급적이면 그 업무 내용들을 서로 가까운 곳에 배치한다. 만일 이전 직장에서의 일을 순서적으로 구분해야 할 필요가 있다면 상세 이력사항을 자신의 특장점을 잘 보여주는 순서에 따라 배치하는 것이 좋다. 그리하여 채용 담당자가 이력서의 이력사항을 읽고 나면 당신이 어떠한 사람인지 뚜렷한 이미지로 그려볼 수 있게 되어야 한다. 아래 예시를 보자.

예시 김미영 씨의 '나만의 특장점'

디지털 마케팅에 대한 풍부한 경험과 증권업 및 고객에 대한 인사이트를 바탕으로 디지털 마케팅팀을 이끌 수 있는 팀장급 인재입니다.

〈세부 이력사항〉

1) J 증권사

- 증권사 SNS 채널 성공적인 론칭: 페이스북 회원 30만 명, 인스타그램 팔로워 12만 명
- 대치 지점 PB팀장으로 고객 340명의 500억 자산 관리: 관리 자산 규모 연평균 23% 성장
- 파생거래 상품 인바운드 콜센터 운영자로서 50명의 콜센터 직원 관리: 사내 고객 만족도 1위 및 내부 직원 만족도 1위 달성

2) K 증권사

- 데이터 통합 및 빅데이터 구축 프로젝트 리드: 오픈 한 달 내 고객 DB 처리 오류 0건
- 자산관리 온라인 채널 성공적 론칭: 온라인 채널 매출 연평균 40% 성장
- 고객 인사이트 분석: 고객 인사이트에 기반한 상품 3건 개발

- 마케팅 팀장으로서 자산관리 브랜드 포지셔닝 리드: 증권업 브랜드 가치 3년 연속 1위

이처럼 디지털 마케팅 관련 업무, 고객 및 증권업 관련 인사이트, 리더십 관련 사항을 순서적으로 배치했다. 이렇게 함으로써 이 지원자는 디지털 마케팅 역량, 증권업과 고객에 대한 통찰력, 그리고 리더십을 보유한 사람이라는 것을 반복해서 강조할 수 있다. 무엇보다 중요한 것은 이력서에 쓰는 문장 하나, 단어 하나에 세심하게 신경 써서 담당자가 당신이 원하는 방향으로 당신의 모습을 그려볼 수 있게 만들어야 한다는 것이다.

피라미드 구조의 메시지를 이력서에 전달하는 것은 생각보다 쉽지 않다. 그러나 불가능한 것은 아니다. 나만의 특장점을 명확히 정의하고, 어떻게 하면 이를 이력서에 효과적으로 보여줄 수 있을지 깊이 고민해보자. 반드시 좋은 이력서를 작성할 수 있을 것이다.

완결성에 신경 쓴다
: 문법, 표현 방식, 디자인

이 부분은 잔소리 같아서 뺄까 말까 고민하다가 언급하는 것이다. 너무나 기본이지만 맞춤법 및 문법 오류, 비문, 오탈자, 중복된 표현

이 많고 심지어 포맷이 통일되지 않은 이력서를 너무나 많이 보기 때문이다. 아무리 내용이 좋아도 기본적인 완결성이 떨어지면 아무래도 신뢰감을 주기 힘들다. 이력서는 실수 없이 완결한 상태로 제출해야 하며, 이를 통해 프로답게 보일 수 있다.

만일 이력서에 오류가 있다면 채용 담당자는 당신을 꼼꼼하지 못한 사람으로 인식할 수 있다. 채용 담당자가 이력서에 있는 오탈자를 그냥 넘어가줄 것이라는 생각은 버리는 것이 좋다. 오탈자 하나가 당신에 대한 이미지를 망가뜨릴 수 있다는 것을 명심하자. 흠 없이 완벽한 이력서를 만들기 위해 완성된 이력서를 반복해서 읽어보자. 그리고 여유가 있으면 다른 사람에게 부탁해 이력서에 어색한 표현은 없는지, 표현은 간결한지, 이해하기 쉬운지 점검해달라고 하자.

알면 쉬워지는
이력서 작성 팁

나만의 특장점 정의

이력서 작성 시 가장 중요한 것 중 하나가 남들과 차별화되는 '나만의 특장점'을 정의하는 것이다. 이는 USP(Unique Selling Point)라고도 부르는데, '왜 나를 뽑아야 하는지'를 어필하는 강력한 한 방이라고 볼 수 있다. 나만의 특장점을 잘 정의하려면 우선 경력을 2~3줄로 요약하고 강력한 인상을 심어줘서 읽는 이가 나에 대한 명확한 이미지를 그릴 수 있게 만든다.

나만의 특장점은 면접을 보고 나온 면접관이 채용 담당자에게 "왜 저런 사람을 서류 통과시켰느냐"고 말할 때 항변할 수 있는 한마디가 되기도 한다. 마치 커플 매칭 프로그램에서 출연자가 최종 선택 전에 간결하지만 머리에 쏙쏙 들어오는 한마디로 자기 어필을 하는 것과도 비슷하다.

그러나 아쉽게도 대부분의 이력서에는 차별화되는 나만의 특장점이 제대로 나와 있지 않다. 나는 이력서에 자신만의 특장점을 반드시 포함하라고 강력하게 말하고 싶다. 이것이 포함되면 프로다워 보일 뿐 아니라 지원자가 이 포지션에 적합하다는 것을 확실하게 어필할 수 있기 때문이다.

그렇다면 나만의 특장점은 구체적으로 어떤 내용을 포함해야 할까? 첫째, 자신이 가진 비즈니스 능력 및 이용 가능한 기술을 포함해야 한다. 둘째, 자신이 전문성을 갖고 있는 업무 영역을 포함해야 한다. 마지막으로 자신이 많이 경험한 산업 영역에 대해 기술해야 한다. 한마디로 아래와 같은 메시지가 한눈에 전달되어야 한다.

"저는 _____ 능력을 보유한 사람으로서 _____ 산업 분야에서 _____ 업무 전문가입니다."

매력을 한껏 보여줘
담당자의 마음을 사로잡자

나만의 특장점 정의는 크게 대략적인 자기소개, 구체적인 업무 성과, 그리고 전문성 및 리더십 강조로 구성된다. 보통 3~4문장이면 좋고 그 이상은 너무 장황해서 가독성이 떨어진다. 그렇다면 나만의 특장점을 잘 정의하려면 어떻게 해야 할까? 이를 살펴보기 위해 우리 모두 잘 아는 어떤 인물을 예시로 들어보려 한다. 바로 크리스마스에 가장 기다려지는 인물, 산타클로스다.* 산타클로스의 차별화된 특장점은 어떻게 나타낼 수 있을까?

국문 1) 300여 년 동안 검증된 풍부한 경험을 보유한 글로벌 물류 전문가입니다. 2) 늘 일정한 배송 시간을 지키기 위해 최고의 노력을 합니다. 연휴 기간 고객들이 누리는 경험 극대화에 자부심을 가지며, 디지털 시대에 선물을 주고받으며 느끼는 기쁨을 전달합니다. 3) 동물들, 아이들, 엘프들과 일하는 것을 즐깁니다.

영문 1) A seasoned global logistics executive with a 300-year track record. 2) Works at the highest level to ensure consistent delivery every time. Takes enormous pride in the holiday season customer experience and strives to ensure that the joy of giving and receiving stays relevant in our digital age. 3) Enjoy working with animals, children and elves.

1) 당신이 누구인지 소개하라

먼저 당신이 누구인지 대략적으로 소개해야 한다. 몇 년 경력이

• executiveresumebranding.com

며 어느 산업에서 어떤 일을 해왔는지를 한 문장으로 나타내면 좋다. 산타클로스의 경우 소개 문장은 '300여 년 동안 검증된 풍부한 경험을 보유한 글로벌 물류 전문가(A seasoned global logistics executive with a 300-year track record)'이다. 300년 가까이 글로벌 물류 업체의 임원으로 근무했다고 본인을 소개했다. 아주 깔끔하고 군더더기 없는 소개 문장이라고 할 수 있다.

2) 구체적인 업무 성과를 알려라

그다음 구체적인 업무 성과는 본인이 달성한 업무를 압축적으로 강조해 표현하면 된다. 본인의 업무 중 자랑할 만한 부분 혹은 다른 사람과 독보적으로 차별화된 부분을 강조해야 한다. 참고로 영어로 작성할 때는 이 문장을 더 돋보이게 하기 위해 명사보다는 동사로 시작하는 것이 좋다.

산타클로스는 '늘 일정한 배송 기간(consistent delivery every time)' '최고의 노력(works at the highest level)' '고객 경험(customer experience)' '주고받는 기쁨 전달(the joy of giving and receiving)' 등으로 본인의 업무 성과를 요약했다. 약간 문학적인 표현이 들어가 있지만 본인이 하는 업무의 성과를 압축적이고 생생하게 잘 표현했다. 그리고 동사 위주로 표현을 해서 어떠한 일을 했는지 그 내용에 대해 구체적으로 알 수 있다.

3) 전문성과 리더십을 강조하라

마지막에는 업무와 간접적으로 연관된 자질에 대한 내용이 들어가면 좋다. 리더십, 팀워크, 대인 관계 등 업무 이외의 장점을 들 수 있다. 직무 전문성에 대해서는 앞에서 충분히 서술했기 때문에 마지막에는 인간미가 느껴지도록 덧붙이는 것이다. 이때도 특별한 면을 드러내 당신의 모습을 인상적으로 각인시켜야 한다.

산타클로스의 경우 '동물들, 아이들, 엘프들과 일하는 것을 즐김(Enjoy working with animals, children and elves)'으로 표현해 본인이 동료들을 대하는 역량이 뛰어나다는 것이 드러나도록 마무리했다. 만약 특이한 경력에 대해 어필하고 싶다면 이 또한 간략히 언급해주는 것이 좋다. 가령 다양한 국적의 사람들과 일을 해봤다면 '12개국 출신으로 이루어진 다국적팀을 이끌었음(Led diverse team with 12 different countries)'이라고 표현해, 다양한 국적의 사람들과 일해본 경험을 강조하며 당신의 리더십, 타 문화에 대한 이해, 포용력 등을 간접적으로 어필할 수 있다.

4C의 원칙을 지켜
나만의 특장점을 정의하자

잘 정의된 나만의 특장점은 4C의 원칙을 따른다. 바로 간결하고

(Concise), 명확하며(Clear), 설득력 있고(Compelling), 신뢰감이 가는 (Credible) 것이다. 이제부터 나만의 특장점을 서술한 몇 가지 사례를 살펴보려 한다.

1) 너무 장황한 경우

국문 실용적이고 분석적인 업무 스타일을 지닌 관리자로서 컨설팅 및 소비재 등 다양한 산업에서 근무하며 문제해결 능력을 개발했습니다. 물류관리와 사업개발 부문에서 거래처 개발 및 발굴에 다수의 성공 사례가 있으며 경영진과 실무단 양쪽 모두에서 회사의 성장을 촉진하는 동시에 비용 절감 전략을 실행했습니다. 거래선 개발에 있어서는 최고 수준의 사업 정보력을 자랑합니다. 열정적이고 높은 동기부여 수준으로 성과를 창출하는 사람으로 평가받으며, 경영상 발생하는 각종 문제들을 해결하기 위해 비판적 사고를 개발하고 해결책을 적용하는 능력을 보유하고 있습니다.

영문 A strongly practical and analytical manager with problem solving skills developed across a number of industry sectors in consultancy and in the consumer goods industry. Proven success in commercial development and implementation, in Supply Chain and Business Development, both at a functional and enterprise level with proven ability to develop and implement both growth and cost cutting strategies. Demonstrates high levels of business awareness and acumen in the pursuit of commercial development. Perceived as enthusiastic, highly motivated and results driven, with the ability to plan and apply critical thought processes to resolve business issues.

위에서 말한 대략적인 소개(실용적이고 분석적인 업무 스타일을 지닌 관리자, 다양한 산업에서 근무하며 문제해결 능력을 보유), 구체적인 업무 성과(물류관리와 사업개발 부문에서 거래처 개발 및 발굴, 회사의 성장을 촉진하는 동시에 비용 절감 전략 실행), 그리고 전문성 및 리더십 강조(열정적이고 높은 동기부여 수준으로 성과 창출, 비판적 사고를 개발하고 해결책을 적용하는 능력 보유) 등이 다 들어가 있다. 나만의 특장점을 설명하는 부분으로서 눈, 코, 입은 다 있다. 그러나 왠지 술술 읽히지 않고 구체적으로 설명한 것 같지만 아무리 봐도 어떤 사람인지 감이 오지 않는다.

앞서 언급한 4C 원칙에 따르면 이는 절대 잘 정의된 것이 아니다. 우선 내용이 너무 많기 때문에 간결하지 않다. 또한 연관성 없는 업무들이 맥락 없이 나열되어 신뢰감도 상대적으로 떨어진다. 구구절절 자신의 이력을 나열했지만 핵심 메시지가 무엇인지 명확히 알 수 없으며, 구체적인 성과가 나와 있지 않기 때문에 설득력이 떨어진다.

즉, 위 사례는 필요한 내용은 다 들어가 있지만 잘 정의된 나만의 특장점이 갖춰야 할 간결성, 신뢰성, 명확성, 설득력이 부족하다. 내가 채용 담당자라면 이 이력서를 대강 읽고 치워버릴 것이다.

2) 너무 간결한 경우

> **국문** 제약 및 헬스케어 산업 업무 7년 경력자입니다. 다국적 제약 회사, 유통
> ＋소매 회사 및 정부 기관에서 일한 경험이 있습니다.
>
> **영문** 7+ years of management experience in the pharmaceutical &
> health industry. Including government, multinational pharmaceutical &
> retail organizations.

이 나만의 특장점은 한눈에 바로 들어온다. 하지만 본인에 대한 간단한 소개만 있지 구체적으로 어떤 성과를 달성했고 어떤 인간적인 장점을 가졌는지에 대한 내용이 없다. 정부 기관, 유통업체, 다국적 제약 회사 등 제약 산업에서 7년 동안 일한 사람은 세상에 넘치고 넘친다. 이 이력서의 주인공은 그저 수많은 사람들 중 하나라는 사실만을 나타내줄 뿐이다. 이 사람이 어떤 점에서 특별한지 어떠한 강점이 있는지 전혀 알 수 없다. 4C 관점에서 보면 명확하고 간결하기는 하지만 신뢰가 가거나 설득력이 있지는 않다.

3) 모범답안

> **국문** 금융 및 소비재 산업에서 마케팅 및 사업개발 8년 경력을 보유했습니다. 다국적 회사에서 사업본부와 본사 간의 가교 역할을 함으로써 신규사업

진출 등 사업 성장에 공헌했습니다. 분석력과 창의성을 겸비한 인재로서 실질적인 성과를 창출했습니다.

8+ years of experience in marketing and business development in FMCG and financial sectors. Contributed to grow businesses for multinational corporations by acting as a bridge between business units, companies and/or countries. Proven new business development track record in driving results by integrating analytical and creative skills.

자신을 간략히 소개(8년간 금융 및 소비재 산업에서 마케팅과 사업개발 업무 경력)하면서 자신이 어떤 사람인지 명확히 보여주고, 주요 업무(사업부서 및 회사 간 중재자 역할을 함으로써 다국적 기업의 사업 성장에 공헌)와 전문성(분석력과 창의력을 통해 실질적인 성과 창출)에서 실제로 거둔 결과를 보여줌으로써 신뢰도와 설득력을 획득했다. 만일 채용 담당자가 금융 및 소비재 산업 분야에서 다국적 마케팅 혹은 사업개발 유경험자를 찾고 있다면 이 이력서가 눈에 확 들어올 것이다.

◆◆◆

자, 이제 정리해보자. 나만의 특장점 정의는 그동안의 커리어를 압축해 내세우는 내용으로 '당신의 브랜드'를 구축하는 것이다. 브랜딩의 핵심이 차별화이듯 이 나만의 특장점도 차별화된 메시지를 담고 있어야 한다. 그리고 브랜딩을 하는 과정처럼 이 작업 역시 세심하고 전략적으로 이뤄져야 한다. 당신만의 브랜드를 정의하고 이를 이력서의 맨 앞에 제시하자. 그러면 당신의 이력서는 다른 사람의 이력서보다 훨씬 더 돋보일 것이다.

03

스토리 라인을 살려
업무 성과 어필하기

CAR을 기억하자

이제부터 이력서에 업무 성과를 기술할 때 지켜야 할 원칙에 대해 알아보려 한다.

이를 설명하기에 앞서 컨설팅 회사에서의 커뮤니케이션 방법을 소개하고자 한다. 컨설팅 회사에서는 어떤 사안을 다룰 때 먼저 전체적인 상황을 설명하고, 그 상황에서 어떠한 문제가 있으며, 문제를 해결하기 위해 어떠한 해결방안이 있는지 설명한다. 간단히 말해 상황(Situation), 문제(Complication), 해결책(Resolution) 이 세 가지 요소가 들어가 있는 것이다. 국내 가구 업체의 매출 침체에 따른 해결 방안 제시 사례를 살펴보자.

"국내 가구 사업부 매출이 줄어들고 있다(상황). 이는 소비 인구 감소, 제품 가격 하락, 해외 조립 가구 업체의 국내 시장 진출에 기인한다(문제). 이를 해결하기 위해 우리 회사는 저렴한 완성 가구 제품을 제작하여 시장 공략을 해야 한다(해결책)."

이와 마찬가지로 업무 성과 항목을 작성할 때도 이런 원칙이 필요하다. 바로 CAR이다. CAR는 배경/문제 상황(Context/Challenge), 행동(Action), 결과(Result)를 말한다. 먼저 전체적인 배경과 문제 상황에 대해 설명하고, 내가 어떤 행동을 취했으며, 그 결과가 어떠했는지 설명하는 것이다. 이렇게 하면 스토리 라인이 명확해질뿐 아니라 자신이 어려움을 극복하고 성과를 창출할 수 있는 인재라는 것을 자연스럽게 보여줄 수 있다.

매력적인 스토리 라인 만들기

1) 상황(Context)

CAR중 첫 번째 요소인 상황은 전반적인 문제 상황들을 서술하는 것이다. 이는 내 업무에 대한 단순한 설명을 넘어 다음에 나올 내 성과를 돋보이게 해주는 역할을 한다. 해당 업무를 할 때 어려웠던 점이나 도전적인 상황을 보여주면 내 업무 성과가 상대적으로 더 부각되는 효과를 얻을 수 있기 때문이다.

가령 매출을 10% 올리는 것은 탁월한 성과이다. 그런데 대기업 경쟁사가 공격적으로 시장에 진입하는 상황에서 매출을 10% 올리는 것은 거의 기적과 같은 일이다. 이럴 경우에는 대기업 경쟁사가 시장에 진입하는 상황이었다는 점을 반드시 서술해야 한다.

2) 행동(Action)

두 번째 요소인 행동은 내가 직접 수행한 일에 대해 서술하는 것이다. 여기서 중요한 점은 행동의 주체가 '나 자신'이어야 한다는 것이다. 팀이나 회사 차원에서 한 일을 내가 다 한 것처럼 기술하면 안 된다. 그렇게 하면 이력서를 부풀려서 작성했다는 인식을 줄 수 있고 결국 이력서의 신뢰도를 저하시킬 수 있기 때문이다.

가령 앞서 언급한 대기업 경쟁사가 진입하는 상황에서 '내가 새로운 제품을 성공적으로 출시했'거나 '시장 방어를 성공적으로 했'고 하면 좀 과장되게 느껴진다. 보통 이는 혼자 수행하기에는 좀 큰 업무이기 때문이다. 자칫 잘못했다가는 회사의 성과에 본인 밥숟가락을 얹으려는 모습이 될 수 있다.

따라서 이를 서술할 때는 내가 실제로 수행한 업무를 구체적으로 전달하는 것이 좋다. 제품 포장 단위를 재정의했다거나 가격을 다시 책정하는 등 실무진 입장에서 했던 일을 기술하는 것이 훨씬 구체적이고 신뢰감을 준다.

3) 결과(Result)

세 번째 요소는 결과이다. 내가 수행한 업무를 통해 어떠한 결과가 나왔는지를 정확하고 인상적으로 서술하는 것이 핵심이다. 결과에 대해 서술할 때는 전문적인 성격이 드러나도록 성장, 증가, 절감, 결과 창출 등의 단어를 사용하면 좋다. 또한 결과 부분을 구체적인 숫자로 표현하면 이력서에 신뢰성과 구체성을 준다. 이때 숫자는 괜히 과장할 필요가 없다. 본인이 솔직히 자기 성과라고 말할 수 있는 정도만 숫자로 표현하면 된다.

가끔 개인 혼자 창출한 성과라고 하기에 너무나 큰 숫자들을 이력서에서 본다. 예컨대, '비용 100억 원 절감' 또는 '영업이익 100억 원 증가' 같은 숫자는 개인이 창출한 성과라고 하기에 너무 과장되었다고 생각할 것이다. 실제로 본인이 창출한 성과라면 얼마든지 써도 좋다. 그리고 면접 시 상세히 설명하면 된다. 하지만 내가 직접 기여한 것이 아닌 간접적인 성과라면 굳이 과장해서 표현할 필요는 없다.

성과를 효과적으로 자랑하는 법

지금부터는 CAR 요소가 이력서에 어떻게 표현되는지 살펴보자. 다음 사례는 맥주 회사의 영업 마케팅 성과를 CAR에 따라 이력서에 효과적으로 나타낸 것이다.

1) 배경

국문 한국 시장에 새로운 경쟁자가 나타남에 따라 유통점에서 자사 맥주의 진열 공간이 축소될 상황이었습니다.

영문 How to maintain beer shelf space given upcoming competitor entry in Korean market?

2) 행동

국문 이에 대응하기 위해 포장 단위를 재정의하고 전체 제품 라인의 가격 정책을 변경하여 소비자와 유통점들로부터 긍정적인 반응을 유도했습니다.

영문 Redefined pack count and pricing for entire line on and created win-win initiative for retailer & customer.

3) 결과

국문 (포장 단위 및 가격을 변경한 결과) 상품 진열 공간은 그대로 유지되었으면서도 유통판관비 및 물류비를 약 50억 원 절감할 수 있었으며 한국 시장 점유율이 4% 상승했습니다.

영문 Lost no shelf space, saved $5m, gained 4% market share in Korea.

도전적인 배경과 이에 따른 행동, 좋은 결과까지 모두 갖췄다. 이를 이력서에 압축적으로 담아내면 다음과 같다.

> **국문** 대기업이 시장에 진입했음에도 불구(C)하고 포장 단위를 재정의하고 전체 제품 라인의 가격 정책을 변경함(A)으로써 상품 진열 공간도 지키고 유통판관비 및 물류비 약 50억 원 절감과 한국 시장 점유율 4% 상승이라는 쾌거(R)를 이뤘습니다.
>
> **영문** Designed and implemented a new pricing and packaging strategy which resulted in 4% market share increase and $5m cost savings despite new competitor's entry.

한 문장 안에 CAR이 모두 제시되고 결과 부분에 구체적인 숫자가 제시되어 성과를 인상적으로 표현했다.

이제 CAR 원칙을 지켜 작성한 다른 업무 성과들을 살펴보자. 실제 MBA 학생들이 작성한 내용을 보면 어떻게 구성해야 할지 감이 잡힐 것이다. CAR 요소가 어떻게 배치되었는지 관심을 갖고 보면서 이력서 작성에 참고하자.

> **국문** 혁신적인 매체 광고 및 대면 채널 전략을 수립하고 실행함으로써 전년도 대비 매출액을 7% 상승시켰으며 전년 대비 8% 가량 축소된 시장에서 1.5%의 시장 점유율 확대를 달성했습니다.

영문 Formulated and implemented a series of innovative above and below the line strategies which grew the franchise 7% in sales and 1.5% in share in a market declining by 8%.

국문 한국 지사에서 원자재 공급망 관리 프로세스를 정립함으로써 자재 공급 대기 시간을 30% 감축하고 40% 효율성 향상을 달성했습니다. 유럽과 미국에 지점들을 둔 회사를 운영하며 예산 3천만 달러의 프로젝트를 실행해 재무, 생산 및 물류 체계를 세웠습니다.

영문 Established a new raw material supply process for the subsidiary in Korea, which decreased supply lead time by 30% and increased efficiency by 40%. Started up company with offices in the US and Europe resulting in the financing, production and distribution of projects with a total budget of $30m.

이제 어떻게 써야 할지 감이 오는가? 주요 프로젝트나 업무를 마무리지은 후 그때그때 정리를 해놓으면 이력서를 쓸 때 성과를 압축적으로 잘 표현할 수 있을 것이다.

외국계 회사 지원 시 알아두자, 커버레터 작성하기

커버레터란 무엇인가

이직 상담을 하면서 자주 받는 질문 중 하나가 바로 커버레터에 대한 것이다. 그중에서도 '커버레터를 꼭 준비해야 하는가', '준비해야 한다면 어떤 내용을 써야 하는가' 그리고 '커버레터 형식은 무엇인가'에 대한 질문을 꽤 많이 받는다. 가장 많이 궁금해하는 이 세 가지 질문을 중심으로 커버레터에 대한 이야기를 풀어가려 한다.

커버레터는 다시 말해 표지(cover)에 넣는 편지(letter)이다. 커버레터는 영미권에서 발달했다. 우편 문화가 발달한 영국에서는 우편으로 오가는 문서가 공적 문서로서 효력을 가진다. 가령 주소지 증명을 할 때 우리나라는 주민등록등본을 제시하지만 영국에서는 은행거래

내역서(Bank Statement Letter)나 전기세 고지서(Energy Bill Letter)를 제출한다. 이때 이러한 문서를 우편으로 보낼 때 문서만 딸랑 들어가는 것이 아니라 표지에 어떤 내용을 첨부한다. 그래야 격식을 차린 공적인 문서로 인정받을 수 있다. 영미권에서 커버레터는 문서를 보내는 사람의 얼굴 역할을 하기 때문에 이력서(Resume)를 보낼 때도 반드시 커버레터를 포함해서 보낸다.

외국계 기업은
커버레터가 필수일까?

그렇다면 외국계 기업에 지원할 때 커버레터를 반드시 써야 할까? 최근 커버레터를 필수적으로 요구하는 회사는 줄어들고 있는 추세이나, 쓰는 것이 좋다. 특히 컨설팅 회사, 로펌, 은행과 같이 격식을 차릴 필요가 있는 직장에 지원할 때는 무조건 쓰는 것이 좋다. 그래야 프로페셔널답게 기본을 갖췄다는 인상을 준다. 커버레터는 인사담당자가 당신에 대해 한눈에 파악할 수 있도록 안내해주고, 당신의 커뮤니케이션 능력을 증명하는 요인이 되기도 한다.

최근 커버레터를 요구하는 회사가 점점 줄어드는데, 원인 중 하나는 링크드인(linkedin.com)을 통한 채용 활성화다. 링크드인은 기본적으로 개인의 이력서를 아무나 열람할 수 있도록 하는 플랫폼이다. 이

Mr J W Song
48 Letchmore Lane
KINGSTON-UPON-THAMES
Surrey
KT2 5PG

By email only

Our Ref   JMA/MKE 156395-00001-7
Date   7th February 2014

Dear Mr Song

Purchase of 18 Marefield Lower Earley Reading Berkshire RG6 3DZ

I am pleased to confirm that contracts have now been exchanged and your purchase will be completed on the 21st February 2014.

Please ensure that you commence cover on all insurance policies and provide me with a copy by email, fax or post prior to completion.

I currently await confirmation from my Accounts Department that the balance of £1,500.00 has been received and as per my earlier telephone conversation I will require the remaining balance of £24,300.00 in our account as cleared funds by close of business on the 20th February 2014 at the latest.

Please bear in mind this timeframe when you are transferring your balance as I am aware your bank will only allow you to transfer £10,000.00 per day.

If you have any questions please do not hesitate contacting me.

Yours sincerely

Jaeda Moayedi-Azarpour
For and on behalf of Grindeys llp

Direct Line   01782401373
Direct Fax   08712247585
E-mail   Jaeda.Moayedi-Azarpour@grindeys.com

그림 3.3 영국에서 문서를 보낼 때 첨부하는 커버레터 예시

곳에서 채용 담당자는 본인이 원하는 후보자를 필터링하여 조회해볼 수 있기 때문에 굳이 커버레터를 요구하지 않는다.

또한 이력서는 필수로 제출하지만 커버레터는 지원자의 마음에 따라 제출해도 되고 안 해도 되는 경우가 있다. 구글, 넷플릭스, 페이스북 등 대형 IT기업들의 경우 커버레터를 제출하지 않아도 불이익을 주지 않고 지원자의 선택에 맡긴다. 하지만 이런 경우에도 여유가 되면 커버레터를 간략히 작성해서 제출하는 것이 좋다. 이는 해당 포지션에 대해 지원자가 얼마나 진지한지를 보여주는 증거가 될 수 있기 때문이다.

커버레터는
어떻게 써야 할까?

어떤 물건을 사러 대형마트에 갔다고 가정해보자. 수많은 브랜드의 제품들이 진열대에 놓여 있다. 이들은 당신의 선택을 받기 위해 화려한 포장과 문구로 치장을 하고 자신을 선택해달라고 아우성을 치고 있는 듯 보인다.

구직 시장도 마찬가지다. 수많은 구직자들이 특정 회사에 취직하기 위해 스펙을 쌓고 외모를 꾸미고 스터디를 한다. 하지만 냉정하게도 이 치열한 경쟁에서 성공하는 사람은 소수에 불과하다. 이러한 경쟁에서 승리하기 위한 길은 딱 하나다. 바로 당신을 다른 사람과 차별화되도록 보이게 하는 것이다.

따라서 커버레터에는 당신이 다른 지원자들과 어떤 면에서 차별화되는지를 보여주는 내용을 담아야 한다. 나는 어떠한 사람이며, 왜 해당 포지션에 지원하는지, 그리고 왜 나를 뽑아야 하는지를 짧고 핵심적으로 어필해야 한다. 좋은 커버레터는 읽어보면 지원자가 해당 포지션이 요구하는 일을 충분히 수행할 만한 역량을 갖췄다는 것을 알 수 있으며 해당 지원자를 면접에서 보고 싶다는 마음이 든다.

이렇게 설명해도 대체 어떻게 써야 하는지 감이 잡히지 않을 수 있지만, 어렵지 않다. 커버레터에 반드시 들어가야 하는 네 가지 메시지만 기억하면 된다.

- "저는 이 포지션에 엄청난 관심이 있습니다"
- "해당 포지션에 대해 잘 알고 있습니다"
- "제가 적임자입니다"
- "꼭 연락주세요"

이 네 가지 메시지를 잘 전달하면서, 축구선수가 관심 있는 포지션에서 주전으로 뛰기 위해 감독에게 어필하듯 전략적으로 접근해야 한다.

1) 저는 이 포지션에 엄청난 관심이 있습니다

이 포지션을 어떻게 알게 되었는지, 왜 지원하게 되었는지에 대해 짧게 서술한다. 마치 오랫동안 이 포지션에 관심이 있었고 채용공고가 나오기를 오매불망 기다렸다는 듯한 마음이 느껴지도록 써야 한다.

2) 해당 포지션에 대해 잘 알고 있습니다

본인이 이 포지션에 대해 얼마나 잘 알고 있는지 어필한다. 이때 이 포지션에 대해 알고 있는 것을 너무 직접적으로 표현하지 않도록 주의해야 한다. 자칫 아마추어처럼 보일 수 있다. 내가 해당 포지션을 잘 알고 있다는 '느낌만' 살짝 흘려줘야 한다. 이를 잘 표현하기 위해서는 업무기술서에 나와 있는 내용과 단어를 조금 바꿔서 쓰는 방법을 생각할 수 있다. 또한 해당 포지션에 대한 자신의 경험을 넣는 것도 하나의 방법이다.

채용 담당자가 업무기술서를 작성할 때는 굉장히 많이 고민한다. 제대로 된 인재를 뽑으려면 업무기술서를 아주 잘 만들어야 하기 때문이다. 담당자 입장에서는 커버레터를 읽다가 자신이 업무기술서에 언급한 것과 상통하는 내용을 보게 되면 그 지원자에게 눈길을 한 번이라도 더 줄 수 있다.

요컨대, 커버레터에는 전략적 메시지가 담담하고 평범하게 묻어 나와야 한다. 그래야 채용 담당자의 마음에 남아 있게 될 것이다.

3) 제가 적임자입니다

　해당 포지션에 대해 아는 것만으로는 부족하다. '해당 포지션에 대한 적임자가 바로 나'라는 것을 적극 어필해야 한다. 내가 적임자라고 문장으로 어필할 수 있는 좋은 기회가 바로 커버레터다. 길게 설명할 필요 없이 왜 내가 적임자인지 인상깊게 보여줘야 한다.

　"제가 적임자입니다(I am the right candidate)"라고 직접적으로 말하는 것보다는 "제가 만들어낼 수 있는 가치는 ○○○입니다(The value I can bring is ○○○)" 혹은 "제가 가진 기술과 능력이 귀사에 특별히 도움이 될 것이라고 생각합니다(The following transferrable skills I think would be of particular interest to your company)"라고 말하며 간접적으로 운을 띄워놓아야 한다. 그리고 이들이 필요로 하는 경력과 기술을 중심으로 내 경력을 겸손히 어필해야 한다.

　어떤 경우는 그림3.4처럼 직접적으로 회사에서 요구하는 인재상과 내 경험을 1:1로 매칭해서 보여주기도 한다. 이런 식으로 직관적으로 내가 적임자라고 어필하는 것도 커버레터를 구성하는 방법 중 하나다.

	PRTM Requirement	My Experiences
Industry Sector	✓ Aerospace ✓ Defense and Industrial products manufacturing ✓ Tele-communications services ✓ Electronics ✓ Software development	✓ Construction ✓ Consumer Services ✓ Insurance ✓ Consumer Goods and Retails ✓ Health Care ✓ Trading Business ✓ Public Services
Consulting Service	✓ Operational Strategy ✓ Supply Chain Innovation ✓ Customer Experience Innovation	✓ Strategy Formulation ✓ Performance Management ✓ Process Innovation ✓ IT Master Plan
Qualification	✓ Strong analytical and communication skills ✓ High self-motivation ✓ Achievement driven ✓ An understanding of the consulting profession ✓ The ability to solve complex problems ✓ Demonstrated leadership capability	✓ Strongly quantitative analytical skill ✓ Good communication skill in multi-cultural environment ✓ Goal-driven approach ✓ Seasoned consulting experience ✓ Skillful project management ✓ Innovative problem solver ✓ Strong leadership skill
Major Tasks	✓ Information gathering ✓ Recommendation implementation ✓ Market analysis ✓ Business case creation ✓ Benchmarking ✓ Economic modeling	✓ Proven skill in data collection and analysis ✓ Deep analytical skill in market dynamics ✓ Several benchmarking experiences targeting market leader

그림3.4 1:1 매칭 방식 커버레터

4) 꼭 연락주세요

마지막에는 굿바이(Goodbye)라고 말하기 애매하니 '연락 기다리겠습니다(Looking forward to having the opportunity…)' 식으로 꼭 연락

을 달라고 하며 마무리하면 된다. 특별한 메시지를 전달하기보다는
의례적으로 쓰는 마지막 글을 적으면 된다.

커버레터와 자기소개서는
어떻게 다를까?

커버레터의 커버는 앞에서도 말했지만 '표지'이다. 즉 커버레터 자
체가 자기소개서는 아니다. 여기에는 앞에서 설명한 네 가지 요소만
들어가면 되지 굳이 자기소개 내용이 들어갈 필요는 없다. 커버레터
에 내 성격, 성장 환경, 직장 경력에 대해 쓰면 이를 읽는 사람은 안물
안궁(안 물어봤고 안 궁금함)으로 생각할 것이다. 절대 커버레터에 자
기소개를 하는 우를 범하지 않았으면 좋겠다. 커버레터에는 해당 포
지션에 대한 정보 중심으로 이야기가 전개되어야지 지원자의 이야기
가 들어가서는 안 된다.

마지막으로 필자가 작성한 커버레터를 예시로 보여주려 한다. 약
간 장황하게 쓴 감이 없지 않지만 기본기에 충실한 커버레터라고 볼
수 있다. 개성이 좀 부족하다고 볼 수도 있고 눈에 확 끌리거나 술술
몰입되지는 않을 것이다. 그럼에도 불구하고 독자들이 커버레터에
어떤 요소가 들어가야 하는지 직접 보고 이해했으면 하는 마음에서
공개한다.

Dear ABC Recruitment team,

I am sending my application for ×××position of ABC to express my interests. The search firm, DDD, contacted me last week and introduced the role. Having a call with the headhunter, I found that the position is what I have been pursuing for and I have the most relevant experience which fits this role.

채용 담당자께,

저는 ABC사의 ×××직에 대한 저의 관심을 표현하기 위해 이 지원서를 보냅니다. 지난주에 헤드헌팅사인 DDD사로부터 연락을 받고 이 자리에 대한 설명을 받았습니다. 담당 헤드헌터와 전화 통화를 하면서 저는 이 자리가 제가 바라왔던 포지션이고 저의 경험들이 이 포지션에 가장 적합하다는 것을 알게 되었습니다.

The greatest value I can bring to ABC is a client management and new pipeline development. Having worked as marketing strategy manager at ZZZ European HQ, I know how ZZZ Global Marketing Office work, and have personnel network in these organizations. Understanding the client context and expectation is the essential part of keeping sustainable client relationship and I have the right skill and experience. In addition to the current client, I can develop potential pipeline based in Korea. Many Korean clients want to enforce their digital marketing capability, but most of them do not have clear master plan to develop digital marketing capability. The sectors where digital marketing plays the pivotal roles are expected to be automotive, insurance, and cosmetics.

ABC사에 제가 기여할 수 있는 가장 큰 가치는 고객 관리와 새로운 영업망 발굴입니다. ABC사의 잠재적 고객인 ZZZ사의 유럽총괄본부에서 마케팅 전략 매니저로 일을 하면서 저는 ZZZ사의 글로벌 마케팅 조직이 어떻게 일을 하는지 잘 알고 있으며 해당 조직에 개인적인 네트워크를 구축했습니다. 고객의 상황과 기대 수준을 이해하는 것은 지속적인 고객 관계를 유지하기 위해 반드시 필요한데 저는 이에 적합한 기술과 경험을 보유하고 있습니다. 현재 귀사의 고객망 이외에도 저는 한국에 있는 잠재적인 고객들을 발굴할 수 있습니다. 현재 한국의 잠재 고객들은 디지털 마케팅 역량을 강화하고자 하나 대부분 디지털 마케팅 역량을 구축하기 위한 명확한 계획이 없는 것이 현실입니다. 특히 이러한 디지털 마케팅이 핵심적인 역할을 할 것으로 예측되는 산업은 자동차, 보험, 그리고 화장품 산업이라고 예상됩니다.

Another value I can contribute is the leading successful launch of ABC in Korea. Working both for a global consultancy and a boutique firm, I learned what makes global consultancy successfully settle in Korean market. Publishing article in major newspaper, having regular C-level workshop, and building client communities interested in the service line are the key vehicles for new consulting firm to build up thought leadership.

제가 기여할 수 있는 또 다른 가치는 ABC사의 성공적인 한국 사업 론칭입니다. 글로벌 컨설팅사에서 일을 하면서 저는 어떤 요소들이 글로벌 컨설팅사가 한국에서 성공적으로 뿌리내릴 수 있게 하는지 경험해왔습니다. 일례로 주요 일간지에 기획 기사를 제안하거나 정기적인 임원급 워크숍을 개최하고, 또한 관심 분야 중심으로 고객 커뮤니티를 만드는 것이 한국 시장에 컨설팅 서비스를 효과적으로 소개하고 전문성을 구축하기 위한 방법이라고 생각합니다.

Lastly, I can create value at ABC by developing exceptional consultants in Seoul office. As a caring people leader, I apprenticed others in a strengths-based way, elevated team performance and health, and inspired a broad followership to win as a team. Management consulting is all about people, and the client value creation starts from motivated exceptional people. For this reason, hiring exceptional talents and keeping their motivation is the top priority as the XXX.

마지막으로 저는 ABC사 서울 사무소에서 뛰어난 컨설턴트들을 육성함으로써 ABC사의 발전에 기여할 수 있을 것이라고 생각합니다. (현재 회사에서) 저는 인재를 소중히 여기는 리더로서 각자의 강점에 기반하여 동료들을 성장시켰고, 팀 전체가 선의의 경쟁을 통해 성과를 창출하고 건강한 조직 문화를 만들도록 기여했습니다. 경영컨설팅은 사람이 자산인 업으로서 고객 가치 창출은 동기부여된 탁월한 사람들로부터 나옵니다. 이러한 이유로 탁월한 인재를 채용하고 그들을 동기부여시키는 것은 귀사의 최우선 순위라고 생각합니다.

Please find the enclosed resume with this cover letter that will provide you with a brief introduction to my professional experience. I am interested in obtaining an appointment for an interview to present myself. Thank you for your consideration, and wishing you the best of my regards.

Sincerely Yours,

함께 첨부한 제 이력서를 참고하시면 제 경력 및 경험에 대해 간단히 파악하실 수 있습니다. 제 자신에 대해 구체적으로 알려드리기 위해 면접 기회를 가질 수 있다면 좋을 것 같습니다. 검토해주셔서 감사합니다. 건승을 기원합니다.

감사합니다.

이력서에 쓸 재료 만들기

1 나에 대해 전하고자 하는 핵심 메시지는?

2 다른 사람과 차별화되는 나만의 특장점은 무엇인가?

-
-
-
-
-

3 이를 뒷받침하는 이력사항 및 성과는?

-
-
-
-
-
-
-

4 4C 원칙을 지켜 위 사항을 구조적으로 서술해보자.

---

5 CAR 원칙에 따라 내 성취를 돋보이게 하는 스토리 라인을 구성해보자.

배경	행동	결과
•	•	•
•	•	•
•	•	•
•	•	•

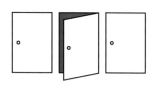

면접에서
승률을 높이는
몇 가지 비법

01

면접에서 어떻게 하면
합격할 수 있을까?

이직의 마지막 관문,
면접에서 승리하자

Be yourself no matter what they say

그들이 뭐라고 하든 너 자신답게 해라

— Sting의 〈Englishman in New York〉 중

이직에서 피해갈 수 없는 관문이 바로 면접이다. 그동안 수많은 면접을 보면서 면접관들에게 대부분 좋은 반응을 얻었고 승률도 높은 편이다. 하지만 원숭이도 나무에서 떨어질 때가 있듯이 나도 면접에서 몇 번의 뼈아픈 실패를 겪었다.

아주 오래전이지만 최종 면접에서 낙방한 일이 아직도 기억이 난다. 대학 졸업 즈음 한 대기업의 신입 공채 면접을 보러 갔다. 서류전형과 1·2차 면접을 통과하고 진행되는 최종면접이었다. 마지막 면접은 녹록지 않았다. 회장님이 동석해 분위기가 무거웠고 중간중간 압박 질문이 들어와서 무척이나 긴장되었다. 그럼에도 불구하고 질문들에 하나하나 대답을 꽤 잘했다는 느낌이 들었다.

그러나 이런 자신감이 화근이 되었다. 면접이 막바지에 다다르자 채용 담당 임원이 지원자들에게 마지막으로 하고 싶은 질문이 있느냐고 물었다. 사실 알다시피 마지막 질문을 묻는 것은 면접의 통과의례나 다름없다.

당연히 아무도 질문을 하지 않았고 침묵이 20초가량 지속되었다. 그 침묵을 깨고 나는 입을 열었다.

"저는 회장님께 질문이 있습니다."

모두 눈이 휘둥그레지면서 날 쳐다봤고 임원들은 긴장했다.

"지금까지 A그룹이 짧은 시간에 성공적으로 성장할 수 있었던 것은 회장님의 리더십과 통찰력 덕분이었다고 생각합니다. 하지만 회장님께서 은퇴하시고 나면 리더십 공백 때문에 A그룹의 성장이 정체가 되지 않을까 걱정입니다."

임원들의 얼굴이 빨개지는 것이 느껴졌음에도 아랑곳하지 않고 질문을 이어갔다.

"회장님께서는 향후 20~30년 그룹을 이끌어 가기 위해 차기 리더십을 어떻게 육성하고 계시는지 궁금합니다."

면접장은 정적에 휩싸였다. 누구 하나 나서서 말을 하지 못했다. 무거운 침묵을 깨고 결국 회장님이 답변하셨다.

"저희 A그룹에는 훌륭한 사장단이 많습니다. 그리고 중간관리자 중에서도 훌륭한 인재가 많아서 크게 걱정 안 하셔도 됩니다."

그러나 내가 궁금해했던 '그다음 리더십을 어떻게 육성할 생각인지'에 대한 답은 없었다. 결국 나는 면접에 떨어지고 말았다.

이날을 떠올리면 창피하고 얼굴이 화끈거린다. 그러나 이때 느낀 점이 있다. 면접 자리에서는 절대 겸손해야 한다는 것과, 동시에 위축되어서는 안 된다는 것이다. 그 회장님께 죄송하긴 하지만, 그래도 평소에 그 기업에서 고민을 하면 좋겠다고 생각한 부분이라 질문한 것에 대해서는 후회가 없다. 그리고 이러한 치기어린 질문을 통해 면접장에서만큼은 당당한 모습이 최고의 스펙이라는 것을 깨달았다.

그동안 많은 면접을 경험하고 후배들을 코칭해주면서 면접 시 알아두면 좋을 팁들을 정리해왔다. 특히 후배들을 지켜보면서는 면접관의 관점에서 마음에 드는 면접자의 특징과 면접자들이 간과하기 쉬운 면들도 파악할 수 있었다.

이제부터는 내가 직접 경험하거나 코칭을 해주며 터득한 면접 노하우를 여섯 가지로 추려 공유하려 한다.

- '안 되면 말고'의 마음으로 당당하게 임하라
- '왜 나를 꼭 뽑아야 하는지' 간결하고 인상적으로 전달하라
- 기다리게 하지 말고 두괄식으로 말하라
- 이직에 진심이라는 것을 질문을 통해 어필하라
- 스토리와 키워드를 활용해 면접관의 기억에 남아라
- 면접 후 팔로업(follow-up) 이메일을 보내라

이는 절대적인 합격 방정식은 아니다. 그러나 면접 합격 확률을 높이는 좋은 팁이 될 수 있을 것이라 확신한다. 자, 이제부터 이 여섯 가지 면접 비법에 대해 알아보기로 하자.

'안 되면 말고'의 마음으로
당당하게 임하라

많은 사람들이 면접에 대해 잘못 갖고 있는 생각은 면접은 '평가의 자리'라는 것이다. 면접은 채용 담당자가 입사 지원자를 평가하는 자리이기는 하지만 반대로 입사 지원자가 그 회사에 대해서 알아가는 자리이기도 하다. 따라서 입사 지원자는 무조건 평가받는다는 생각을 버리고 당당하게 면접에 응해야 한다. 쉽게 말해 절대 실수하지 않겠다고 경직된 마음으로 임하기보다는 자신의 커리어에 관심 있는 사람과 만나 편하게 이야기한다는 마음가짐으로 응하는 게 좋다.

어차피 세상에 일자리는 많고 지금이 이직 적기가 아닐 수도 있다. 따라서 '안 되면 말고'의 마음가짐이 필요하다. '안 되면 말고'라고 생각했을 때 면접은 편해지고 본인의 생각을 여유롭게 전달할 수 있다. 또 이러한 마음가짐에서 오는 당당한 태도는 지원자를 더 능력 있고 매력적인 사람으로 보이게 만든다.

당신이 면접관이 되어 면접을 본다고 해보자. 질문을 했을 때 당당하게 자신의 의견을 말하는 사람과 잘 봐달라고 굽실거리며 말하는 사람 중 누구를 뽑겠는가? 면접관은 당당하고 자신감 있는 사람에게 끌리기 마련이다.

'안 되면 말고' 마음가짐이라고 해서 면접을 성의없게 보라는 뜻은 아니다. 너무 편한 마음으로 임한 나머지 건성으로 대답하거나 질문에 어긋난 답변이나 부적절한 농담을 해서는 안 된다. 성의없는 태도는 면접관의 심기를 불편하게 만들고 입사 지원자의 이미지에 좋지 않은 영향을 미친다. 특히 그 면접이 헤드헌터를 통해 만들어진 자리일 경우 입사 지원자의 불성실한 태도는 오랫동안 꼬리표로 따라다닐 것이다. 마음 속으로는 '안 되면 말고'를 외치고 겉으로는 "뼈를 묻겠습니다"라는 메시지를 전달하는 것이 중요하다.

'안 되면 말고'의 마음가짐에 '관종의 마음'을 갖고 면접에 임하면 금상첨화다. 면접장이 내 무대인 것처럼 자신있게 자기 어필을 하면서 면접관들의 관심을 끄는 것이 필요하다. 당당한 태도로, 그러나 어느 정도는 겸손하게 자신을 어필하며 면접장의 분위기를 자신에게 쏠리게 해보자. '안 되면 말고'의 마음가짐과 '관종의 마음'이 어우러지도록 주문을 외워보자. "너 자신답게 해라(Be yourself)!"

하지만 머리로는 다 알고 있어도 실제로 면접장에 들어서면 심장 박동이 빨라지고 손에 땀이 난다. 인간이라면 당연히 그럴 것이다. 이럴 때 써먹을 수 있는 효과적인 팁이 있다. 한번 상상해보자. 앞에 호랑이처럼 날 잡아먹을 것처럼 질문을 던지는 면접관이 몇 시간 후 헐렁한 추리닝을 입고 집밖으로 분리수거하러 나오는 모습을. 아니면 가끔 늦은 저녁 길거리에서 술에 취해 비틀거리기도 하는 불쌍한 영혼이라고 생각해보자. 그래도 긴장이 풀리지 않으면 최후의 수단으로 마음속으로 이렇게 외쳐보자. '어차피 한 번 보고 말 사람인데 뭐.'

이렇게 마음속으로 상상하고 외치면 면접관 앞에서 조금 덜 겁먹고 긴장하게 될 것이다.

'왜 나를 꼭 뽑아야 하는지'
간결하고 인상적으로 전달하라

엘리베이터 피치라고 들어봤는가? 엘리베이터에서 만난 기업 최고경영자에게 핵심 내용만 짧은 시간에 보고하는 것을 뜻한다. 면접을 볼 때도 엘리베이터 피치를 한다고 생각하고 '나를 꼭 뽑아야 하는 핵심적인 이유'를 짧고 인상적으로 전달할 수 있도록 미리 준비해야 한다.

'나를 꼭 뽑아야 하는 핵심적인 이유'는 단순한 자기자랑이 되어서는 안 된다. 해당 포지션에 필요한 자질을 갖추고 있다는 것을 겸손하게, 그러면서도 확실히 어필하는 것이 필요하다. 이를 위해서는 우선 채용공고에 나와 있는 직무기술서를 상세히 읽어보고 분석해야 한다. 직무기술서는 해당 포지션에 채용될 사람이 갖춰야 할 역량, 성격, 경력, 교육 수준, 이전 직장 경험 등을 종합적으로 고려해서 만든 문서다. 따라서 직무기술서는 '이러이러한 사람을 뽑겠다'는 힌트와도 같기 때문에 반드시 숙지해야 한다.

직무기술서를 읽어보면 자신의 능력 및 상황과 부합하는 문구나 단어들이 있을 것이다. 혹은 자신의 경력을 끼워맞출 수 있는 특성이 있을 것이다. 이런 것들을 반드시 기억해놓고 '나를 꼭 뽑아야 하는 핵심적인 이유'에 포함시키자. 이때 막연하게 표현하지 말고 구체적인 수치를 들면 좋다. '매출 증가에 기여' 혹은 '고객 만족도 증가'보다는 '전년 대비 ○○% 매출 신장', '고객 재방문 횟수 ○○% 증가' 등으로 구체적으로 뒷받침하는 것이 좋다.

예를 들어보자. 유통업체에서 오랫동안 근무한 이호창 씨의 경력은 아래와 같다.

- 국내 할인점 거래선 관리 경험 풍부
- 매출 증가 및 수익 개선
- 원만한 대인관계
- 매장 프로모션 관리
- 거래처 관리

이호창 씨는 자신을 꼭 뽑아야 하는 이유에 대해 이렇게 말할 수 있을 것이다.

"저는 대형마트와 중소형 점포를 포함해 다섯 곳의 매장을 10년 동안 관리했고, 한 해도 빠지지 않고 매년 평균 5%의 매출 신장을 이뤄냈습니다. 관할 점포 내 직원 퇴사율도 타 점포들에 비해 평균 15% 낮고 거래처와의 관계 개선으로 제품 입고 단가를 낮추기도 했습니다. 수치가 증명해주듯, 저는 매장 관리와 직원 관리 능력, 해당 분야에서의 오랜 경험을 바탕으로 해당 직무를 가장 효과적으로 수행할 수 있는 사람이라고 자부합니다."

기다리게 하지 말고
두괄식으로 말하라

면접에서는 질문에 두괄식으로 답변하는 것이 좋다. 면접관 입장에서도 면접은 정말 피곤한 일이다. 면접관은 본인의 질문에 대한 답을 빨리 들어야 속이 시원하고 집중력을 유지할 수 있다. 면접관의 질문에 바로 대답하지 않고 결론에 대한 배경부터 지루하게 설명하면 면접관은 집중력이 흐트러지고 인내심의 한계를 느낄 것이다. 이러한 상태에서 메시지가 제대로 전달이 되기는 어렵다.

두괄식으로 말하기 위해서는 면접관의 질문에 답할 핵심 내용이 압축적으로 먼저 제시되어야 한다. 그리고 그 이유를 덧붙일 때는 번호를 붙여서 체계적으로 정리해서 전달해야 한다. 예를 들어 "본인의 강점에 대해서 말하라"는 질문에는 내가 이 포지션에 가장 적합한 강점을 갖고 있다는 메시지를 먼저 전달하고 나서 구체적인 강점을 순서대로 설명해야 한다.

"제겐 영업채널 관리에 적합한 강점 세 가지가 있습니다. 첫째, 저는 대인 관계가 원활합니다. 둘째, 협상에 능하며 얻고자 하는 결과를 반드시 얻습니다.

셋째, 숫자에 밝고 정량적인 분석 역량이 뛰어납니다."

위와 같이 핵심을 간단히 두괄식으로 이야기하면 면접관은 "저 지원자는 우리 회사 영업관리에 필요한 세 가지 강점을 갖추고 있구나"라는 메시지를 받아들이고, 필요하다면 추가 질문을 통해 지원자의 장점을 더 면밀히 살펴보게 될 것이다.

이직에 진심이라는 것을
질문을 통해 어필하라

보통 면접이 끝날 때 지원자에게 마지막으로 궁금한 점이 있는지 물어본다. 이때 많은 지원자들이 따로 질문을 준비하지 않고 궁금한 점이 없다고 말한다. 긍정적인 인상을 줄 수 있는 마지막 기회임에도 불구하고 지원자가 질문을 하지 않으면 간절함이 부족하거나 준비가 덜 되었다는 느낌을 줄 수가 있다.

따라서 이에 대비해 반드시 질문을 준비해야 한다. 질문은 지원자의 관심과 능력을 보여줄 수 있는 좋은 도구가 된다. "퇴근 빨리 하나요?", "일은 많은 편인가요?", "연봉 인상률은 얼마나 되나요?" 등의 1차원적인 질문은 되도록이면 하지 않는 것이 좋다. 면접관이 짜증을 낼 수도 있다.

좋은 질문은 지원자가 해당 업무에 대해 고민을 거듭해야 나온다. 이러한 질문들은 평소에 면접관이 가졌을 법한 고민들이고 답을 내리기도 힘들다. 가령, 앞에서 제시한 마트 영업 관리 포지션의 경우 업계 트렌드나 전반적인 고민사항에 대해 질문을 던지면 좋은 인상을 심어줄 수 있다. 다음과 같은 대화를 생각해보자.

"저는 궁금했던 부분들은 다 여쭤본 것 같은데, 혹시 마지막으로 궁금한 사항 없나요?"

"예, 제가 하게 될 업무와 관련해 궁금한 점이 있습니다. 요즘 유통업계를 보면 대형마트 매출 비중이 현격히 줄어들고 있습니다. 온라인 채널을 통한 소비가 급증하고 대형마트는 각종 규제 때문에 상황이 좋지 않습니다. 이러한 상황에서 A사는 대형마트 채널에 대한 투자를 지속적으로 하실 생각인지, 아니면 다른 대안이 있으신지 궁금합니다."

이렇듯 진지한 고민 끝에 나올 수 있는 질문을 면접 마지막에 하면 좋은 인상을 남기게 되고 이후 당락여부에도 영향을 미치게 된다. 기억하자. 마지막 질문은 자신을 어필할 수 있는 마지막 기회라는 것을….

스토리와 키워드를 활용해
면접관의 기억에 남아라

1) 스토리

면접관의 질문에 기승전결이 있는 짧은 스토리를 곁들여 답변하면 면접관의 홍미를 불러일으키고 자신을 더 잘 어필할 수 있다. 자신의 성공 사례, 장점 및 단점과 관련된 조그마한 에피소드, 리더십을 보여주는 사건, 어려운 상황을 지혜롭게 극복한 일 등 면접에서 흔히 나오는 질문들에 대해 짧은 이야기를 준비해보자. 자신이 전달하는 메시지에 강력한 흡입력이 생길 것이다.

2) 키워드 + 숫자

면접관의 기억에 남으려면 딱 떨어지는 키워드를 숫자와 함께 언급하는 것이 좋다. 가령 본인의 경력에 대해 설명해달라는 질문을 받았을 때, 일반적인 자기소개를 하는 것보다는 몇 가지 키워드로 정리해서 설명하는 것이다.

"제 경력을 소개하는 세 가지 키워드가 있습니다. 바로 식품업, 영업 채널 관리, 지속적인 성과 향상입니다. 저는 지난 10여년간 식품 산업의 영업 채널에서 수익성과 매출 향상을 지속적으로 이룬 전문가입니다. 먼저 식품 관련하여, 저는 즉석식품, 빙과류, 베이커리 등 신선도가 중요한 식품을 중점적으로 관리한 경험이 있습니다. 둘째, 영업 채널 관련해서는 대형마트와 중소형 점포 등에서 프로모션, 시식, 가격 정책 등을 진두지휘했습니다. 마지막으로, 저는 매출과 수익성을 매년 5% 이상 꾸준히 향상시켰습니다."

이렇게 짧은 키워드에 구체적인 숫자를 곁들인다면 면접관의 머리에 훨씬 더 인상적으로 남을 것이다.

면접 후 팔로업(follow-up)
이메일을 보내라

면접이 끝나면 1~2일 안에 면접관 혹은 채용 담당자에게 간단한 이메일을 남기는 것이 좋다. 좀 부담될 수도 있는데 왜 이메일을 보내야 할까? 팔로업 이메일은 그 다음 단계로 진행하기 위한 후보자 고려군에 들기 위해 면접관에게 보내는 시그널이기 때문이다.

당신을 면접관이라고 생각해보자. 1차 면접을 본 15명의 후보자 중 2차 면접을 진행할 사람 3~5명을 추려야 한다. 15명 중에서 인상 깊은 후보자가 2명 있지만 나머지는 다 비슷해 보인다. 이때 한 후보자에게서 이메일이 온다. 이 후보자에 대해 다시 생각해보니 그다지 인상에 남지는 않았지만 나쁘지는 않았다. 생각해보니 2차 후보에 올리기에 무난한 수준의 후보자인 것 같다. 팔로업 이메일을 보냈다는 것을 생각하면 프로의식도 있고 꼼꼼한 성격인 것 같다. 그래, 이 사람을 2차 후보로 올리기로 결정한다.

가상의 시나리오이긴 하지만 면접관 입장에서는 팔로업 이메일을 보내는 사람과 아닌 사람을 다르게 인지할 수밖에 없다. 팔로업 이메일은 거창할 필요가 없다. 2~3문장 정도면 된다. 아래와 같이 간단하게 쓰면 된다.

> "귀한 시간 내주셔서 감사합니다. 면접을 통해서 해당 포지션에 대해 잘 알 수 있었고, 제 경력과 적합한 자리임을 확인할 수 있었습니다. 향후 진행 사항이 있을 경우 알려주시면 감사하겠습니다."

◆◆◆

지금까지 설명한 여섯 가지 원칙은 뻔한 이야기로 보일 수도 있다. 그러나 뻔한 이야기는 반드시 지켜야 하는 원칙이라는 말도 된다. 반드시 지켜야 하는 원칙을 지킨 면접과 그렇지 않은 면접은 그 결과에서 분명히 차이가 난다. 면접 시작 전부터 이후까지 앞서 설명한 원칙들을 잘 적용하면 분명히 좋은 결과가 있을 것이라 확신한다.

면접에 앞서 반드시 준비할 답변들

1 간단한 자기소개를 직접 말로 해보자(1분).

2 자신을 효과적으로 어필하는 세 가지 키워드와 그 이유를 말해보자(4분).

3 이직하려는 포지션에 적합한 자신의 특장점을 말해보자(3분).

4 왜 나를 뽑아야 하는지 핵심적인 이유를 말해보자(3분).

5 위 질문에 답하는 자신의 모습을 녹화해 확인하고 개선할 부분을 정리해보자.

- _____
- _____
- _____
- _____
- _____
- _____

어렵지만
불가능하지 않다
목표 연봉을 사수하자

회사는 당신의 연봉을
낮추고 싶어한다

연봉협상 시 매번
패배하는 이유

자, 이제 거의 다 왔다. 낙타가 바늘귀를 통과하는 것보다 어렵다는 서류 통과에 성공하고 당신을 잡아먹을 것처럼 질문을 퍼붓던 면접관들을 말발로 제압했다. 결과는 합격이다. 이제 마지막 관문, 연봉협상이다. 지금까지 어렵게 왔는데 연봉을 얼마나 제시할까? 기대반 설렘반으로 연봉협상에 임한다. 이메일과 전화 통화가 몇 번 왔다갔다 하고 회사 측에서 제시한 오퍼레터에 최종 연봉 숫자가 찍혀 있다.

생각했던 것보다 낮은 금액이다. 슬슬 짜증이 난다. 하지만 이미 마음이 떠난 현 직장에 더 이상 미련을 두고 싶지는 않다.

'에잇 그냥 이직하지 말까? 아냐, 그래도 먼저 회사보다는 나은 점이 있겠지.'

이렇게 스스로를 설득하며 결국 오퍼레터에 서명을 한다.

당신의 과거 연봉협상 경험도 이와 많이 다르지 않을 것 같다. 그렇다. 대한민국 직장인이 이직 시 상당히 못하는 부분이 바로 연봉협상이다. 연봉협상을 회사 채용팀과 구직자와의 싸움이라고 한다면 99%는 채용팀의 승리이다. 이유는 간단하다. 채용팀은 오랜 기간 동안 축적된 연봉협상 전략이 있고 구직자는 없다. 전략이 없는 싸움은 백전백패일 수밖에 없다.

당신의 연봉을 낮추려는
회사의 전략

나도 MBA 학위를 받기 전까지 연봉협상을 잘 못했다. 그러나 유럽권에서 유명한 연봉협상 전문가의 강의를 듣고 모의 연봉협상을 여러 번 해본 후 연봉협상을 어떻게 해야 할지를 터득하게 되었다. 덕분에 MBA 졸업 후 면접을 본 회사에 협상 끝에 좋은 조건으로 입사했고 이후 이직을 하면서도 좋은 조건의 오퍼들을 받을 수 있었다.

이제부터 연봉협상 전문가의 강연 내용과 내 경험, 그리고 지인들의 사례를 바탕으로 연봉협상의 기술에 대해 말해보려 한다.

지피지기면 백전백승이라고 했다. 연봉협상의 기술을 습득하기 위해서는 먼저 회사가 당신의 연봉을 낮추기 위해 어떤 전략을 갖고 있는지 알아야 한다. 인사 담당자가 당신의 연봉을 낮추기 위해 쓰는 방법은 크게 다섯 가지로 볼 수 있다.

- 작년 원천징수영수증 기준으로 베이스 라인 잡기
- 사이닝 보너스를 총 연봉에 포함
- 비금전적 가치를 연봉에 포함
- 최상의 조건을 가정한 연봉 제시
- 동일 직급 형평성 언급

물론 모든 회사가 다 이런 전략을 쓰는 것은 아니다. 그러나 알게 모르게 많이 겪게 되는 경우이므로 연봉협상 시 주의하자.

작년 원천징수영수증 기준으로
베이스 라인 잡기

보통 이직하면서 연봉협상 시 전년도 원천징수영수증을 제출하라고 한다. 작년 전체 연봉이 얼마나 되는지 보기 위해서다. 이를 받아 본 회사가 제시하는 연봉은 작년 원천징수영수증에 찍힌 금액 수준이거나 그것보다 적은 경우가 많다. 왜 작년 연봉이 지금 이직하는 회사의 연봉을 산정하는 데 기준이 되어야 할까?

사실 작년 원천징수영수증은 단순 참고사항이 되어야지 그 금액을 기준으로 연봉을 산정하는 것은 옳지 않다. 작년 원천징수영수증에 기입된 금액은 인사팀에서 생각하는 연봉의 최소 금액이다. 그러니 절대 인사팀이 생각하는 최소 금액에 맞춘 연봉 제시안을 받아들여서는 안 된다.

내 경우 컨설팅 회사를 떠나 증권사로 이직할 때 비슷한 일을 겪었다. 면접부터 모든 프로세스가 순조로웠고 빨리 진행되었다. 그쪽에서도 최대한 빨리 오퍼를 주고 싶어하는 모습이라서 최종 면접이 끝나자마자 회사에서 요구한 전년도 원천징수영수증을 제출했다. 일주일 후에 받아본 오퍼레터에는 작년에 받은 연봉과 비슷한 금액이 적혀 있었다. 그 금액을 보자마자 헤드헌터한테 전화해서 "연봉을 깎으면서까지 굳이 이직할 생각은 없다"라고 명확히 말했다. 이후 헤드헌터의 연락을 받은 인사팀장이 직접 전화해서 현 수준을 조금 상회하는 수준의 연봉을 다시 제안하면서 최대한 빨리 합류하면 좋겠다는 의사를 전달했다. 결국 나는 이를 거절하고 그 회사로 이직하지 않았다.

거절 사유는 단순히 연봉 수준이 아니었다. 작년 원천징수영수증을 보고 일방적으로 연봉을 제시하는 모습을 보고 그 회사의 커뮤니케이션 방식 및 의사 결정 문화가 나와 맞지 않을 것 같다고 생각했다. 며칠 뒤 그 인사팀장님이 따로 만나자고 하셨다. 연봉을 원하는 수준으로 맞춰줄 테니 다음달 초에 입사를 해달라고 부탁하셨다. 이미 내가 그 회사에 입사하는 것으로 상부에 보고가 되었다고 했다. 내심 터무니없이 높은 금액을 부를까 생각했지만 연봉을 아무리 많이 받더라도 그 회사에서 행복할 것 같지 않아서 다시 정중히 거절했다.

다른 회사와 연봉협상을 할 때도 이런 일이 몇 번 있었다. 작년 원천징수영수증을 받은 후 내 희망 연봉을 물어보지 않은 회사들은 내 연봉 베이스 라인을 작년 수준으로 맞춰놓고 연봉협상 이야기를 꺼냈다. 이럴 경우 지원자로서는 굳이 연봉을 낮춰서 옮겨야 하는 상황이 아니면 절대 작년 수준으로 맞출 필요는 없다.

사이닝 보너스를
전체 연봉에 포함

사이닝 보너스(signing bonus)는 일반화하기는 어렵다. 보통 사이닝 보너스는 고액 연봉을 받을 경우에만 해당되기 때문이다. 사이닝 보너스는 지원자가 해당 포지션에 입사하도록 유도하기 위해 지급하는 보너스이다. '사인'이라는 단어 그대로 연봉계약서에 사인을 하면 받게 되는 보너스인 것이다.

간혹 연봉협상 시 사이닝 보너스를 기본 연봉에 포함해 연봉을 말하는 경우가 있다. 희망 연봉 수준으로 연봉을 맞춰주겠다고 했는데 이에 사이닝 보너스가 포함된 것이다. 이는 고액 연봉자의 기본급을 깎기 위해 많이 쓰는 방법이다.

가령 현재 기본급 9천만 원을 받는 사람이 있다고 하자. 그런데 이 직을 하면서 연봉 제시안을 받았는데 기본급 8천만 원에 사이닝 보너스 3천만 원을 제시한다. 그리고 사이닝 보너스는 1년에 1천 5백만 원씩 분할 지급하는 조건이다. 이런 조건을 제시하면서 인사 담당자 는 대부분 이렇게 말한다.

"사이닝 보너스까지 포함하면 현재 받고 계시는 수준 이상으로 맞춰드렸습 니다."

얼핏 들으면 기분이 좋다. 뭔가 연봉이 오른 것 같기 때문이다. 하 지만 실제로 통장에 매월 찍히는 금액은 이직 후 줄어들 수도 있다. 그렇게 되면 과연 연봉이 올랐다고 할 수 있을까? 아니다. 인사 담당 자의 말이 맞다면 당신은 사이닝 보너스가 나오는 기간인 2년만 그 회사에 일하고 다른 곳으로 이직해야 한다.

사이닝 보너스의 놀음에 놀아나지 말자. 사이닝 보너스와 연봉은 철저히 구분해야 한다. 사이닝 보너스는 이름 그대로 내가 이 회사에 입사하기로 결정해서 사인을 했을 때 받는 보너스이기 때문이다.

몇 년 전 한 기업의 내부 컨설팅 조직에서 오퍼를 받을 때도 이런 일이 있었다. 그 회사에서는 내부 직급 연봉 테이블 상 내가 희망하는 연봉을 맞춰줄 수 없었다. 그렇다고 나를 임원 포지션으로 뽑을 수 있는 상황도 아니었다. 회사에서는 두 가지 안을 제시했다. 첫 번째는 2~3년 후에 임원 승진 대상자로 포함시켜주겠다는 것, 두 번째는 사이닝 보너스를 충분히 줘서 원하는 연봉 수준에 맞춰주겠다는 것이다.

첫 번째 안은 매력적이었지만 해당 문구를 계약서에 넣지 않는 한 100% 보장을 못하는 조건이다. 이에 대한 도의상 부담은 느끼겠지만 첫 번째 조건을 강제하기 위한 수단은 없었다. 두 번째 옵션인 사이닝 보너스의 경우에는 무리해서라도 챙겨준다는 것에 감사했지만 기본 연봉 자체를 대폭 삭감하면서 이직하는 것은 내키지 않았다. 내가 그 회사를 1~2년 안에 떠날 경우 시장에서 바라보는 내 기본 연봉은 대폭 삭감된 연봉 수준일 것이기 때문이다. 시장에서는 절대 사이닝 보너스까지 포함된 금액으로 내 기본 연봉을 봐주지 않는다. 이러한 이유로 결국 가지 않겠다고 결정했다. 보너스는 보너스이다. 절대 연봉이 아니다.

비금전적 가치를
연봉에 포함

비금전적 가치를 연봉에 포함시키는 것 또한 이상한 논리이다. 비금전적 가치는 다음과 같은 경우이다.

"정시 퇴근이 가능하다."

"조직문화가 수평적이다."

"휴가를 마음껏 쓸 수 있다."

"재택근무가 가능하다."

"기업 문화가 좋다."

분명히 매력적인 조건이다. 하지만 매력적인 비금전적 가치가 연봉에 포함될 수 있을까? 아니다. 이러한 비금전적 가치는 근로자로서 당연히 보장받아야 하는 권리이자 회사가 제공해야 하는 의무이지, 연봉에 산정되어야 할 항목은 아니다. 이러한 비금전적 가치를 연봉에 포함시키려고 하는 회사는 그 회사의 조직 문화에 대해 짚고 넘어가는 것이 좋다.

내 경우도 컨설팅 회사를 퇴사한 이후 대기업에서 좋은 오퍼를 받을 기회가 많았고 대부분 연봉협상까지 진행되었다. 그중 한 회사의 경우도 잘 진행되다가 최종적으로 제시된 연봉을 보고 좀 당황했다.

희망 연봉에 대해 충분히 의사를 전달했고 내심 그 이상으로 제시할 것이라 기대했는데, 막상 제시된 연봉은 소폭 삭감이 되어 있었다. 그 이유를 물으니 인사 담당자는 다음과 같이 답변했다.

"여기는 정시에 퇴근이 가능하니 컨설팅 회사보다 아무래도 절대 업무량이 적습니다. 이 점을 고려해주시면 감사하겠습니다."

그 이야기를 듣고 내가 반문했다.

"아…, 그럼 이 회사에서는 일을 적게 해야 하는 것인가요? 그리고 일이 많아서 정시 퇴근을 못할 경우에는 초과 수당을 주시나요?"

인사 담당자는 답변을 하지 못했고 나는 그 회사에 가지 않기로 결정했다.

비금전적 가치를 연봉에 포함시키려 해서는 안 된다. 이는 근로 시간 준수, 좋은 조직문화, 일과 가정의 양립 지원 등 기업이 반드시 제공해야 할 의무를 등한시했던 전근대적인 기업문화를 당연한 것으로 여기는 사고에 기인한다. 좀 더 좋은 워라밸, 기업문화, 복지제도를 갖춘 기업이라고 해서 연봉을 적게 주어도 된다는 사고방식은 변해야 한다.

성과급 최상의 경우를
가정한 연봉 제시

연봉협상 시 기본급과 더불어서 성과급에 대해서도 이야기를 하게 된다. 이 과정에서 성과급 비중이 큰 기업의 경우, 기본급은 적지만 성과급 비중이 크기 때문에 기본급이 적은 부분은 수용하라는 논리로 이야기를 한다.

하지만 냉정하게 말해 성과급은 성과급이다. 성과급은 많이 나올 수도 있고 아예 나오지 않을 수도 있다. 회사는 매년 직원에게 성과급을 지불할 의무가 없다. 회사의 재무적 상황이 급격히 악화된다거나 업무적 어려움 때문에 인사고과가 좋지 않아서 성과급 지급 대상에서 제외된다거나 하는 등 성과급을 받지 못하게 되는 상황이 생길 수도 있다. 그렇기 때문에 성과급이 많다고 해서 기본 연봉이 낮아도 된다는 생각은 바로잡아야 한다.

가령 지금 회사에서 기본급이 6천만 원이고 성과급이 평균 1천만 원 정도 나온다고 가정하자. 그런데 이직하려는 회사에서는 성과급이 평균 3천만 원 정도 나온다고 하면서 당신의 기본급을 5천만 원으로 낮추려고 한다. 그러면서 전체 연봉을 따지면 8천만 원 정도 되기 때문에 1천만 원 연봉 상승 효과가 있다고 말한다. 전체 금액을 놓고 보면 맞는 말이긴 하지만 성과급 3천만 원은 보장된 금액이 아니기 때문에 자칫 전체 연봉이 낮아질 수도 있다.

내가 대기업과 연봉협상을 하면서 제일 이견이 컸던 부분이 바로 이 부분이었다. 국내 대기업 중 성과급 비중이 높은 회사인 경우, 당연히 내 기본 연봉을 낮추려고 했다. 하지만 나는 그 논리에 동의할 수 없었고 내가 기존에 받고 있던 기본 연봉을 포기할 수 없다는 의사를 고수했다.

회사에 따라 직급에 따른 연봉 체계가 고정인 곳이 있고 아닌 곳이 있다. 연봉 체계가 고정되어 있는 경우 기본급을 맞춰줄 수 없고 결국에는 협상이 결렬될 수밖에 없다. 하지만 어느 정도 유연한 조직의 경우 채용 의지가 있다면 기본 연봉 수준을 맞춰주려고 노력할 것이다. 따라서 연봉협상 이전에 가능하면 그 회사의 직급에 따른 연봉 체계가 어떤 구조인지 파악해 이에 따라 전략을 수립할 필요가 있다.

동일 직급 사람들과의
형평성 언급

연봉협상 시 많이 듣는 말 중 하나가 "기존에 계신 분들과의 형평성 때문에…"이다. 이 말에는 많은 모순이 있다. 우선, 원래 사내에서 본인의 연봉 공개는 금지되어 있다. 공개적으로 서로의 연봉을 말하지 않기 때문에 내 연봉이 높아도 내가 밝히지만 않으면 형평성에 맞지 않다고 불만을 토로할 사람은 아무도 없다. 둘째, 왜 내 가치가 다른 사람의 가치에 의해 제한되어야 하는가? 그렇다면 나는 다른 사람과 비슷한 수준에서 적당히 일을 해도 된다는 말이 될 수도 있다. 셋째, 분명 성과를 많이 낸 사람이 더 많은 보상을 받아야 하는데 '다른 사람과의 형평성' 때문에 더 많은 보상을 제한하는 것은 말이 되지 않는다. 만약 이직할 회사가 성과보다 형평성을 우선시할 것이라 예상되면 이 회사로의 이직을 냉정히 재고해봐야 한다.

연봉협상 중 '동일 직급과의 형평성'을 이유로 연봉을 낮추려 한다면 적극 대응해야 한다. 기존에 있는 직원과 형평성이 맞지 않더라도 당신이 더 훌륭한 성과를 낼 수 있다는 점을 적극적으로 어필하여 실력에 맞는 연봉을 얻어내야 한다.

◆◆◆

지금까지 인사 담당자가 이직자의 연봉을 낮추기 위해 사용하는 방법들을 알아보았다. 일반화하기에는 어렵지만 여전히 이직 과정에서 많이들 경험하게 되는 일이다. 이를 미리 인지하고 대비하고 있어야지, 그렇지 않으면 연봉협상 과정에서 불리한 위치에 처하게 된다. 가치를 제대로 인정받고 그에 합당한 대우를 받는 것은 권리이다. 이러한 권리를 존중해주지 않는 회사를 위해 열심히 일할 이유는 없다.

마지막으로 '권리 위에 잠자는 자는 보호받지 못한다'라는 말처럼 연봉협상에 있어서 자신의 권리를 주장해야 한다. 연봉협상이 반영된 계약서에 서명하기 전까지 고용인과 피고용인의 관계는 성립되지 않는다. 이러한 상황일 때 자신의 권리를 주장해야 원하는 연봉을 받아내기가 비교적 수월하다는 점을 잊지 말자.

연봉협상에도 전략이 필요하다, 연봉협상 10계명

왜 우리는
연봉협상에 소극적일까?

이직 시 연봉을 높이기 위해 전략적인 접근법을 사용하는 사람은 극히 드물다. 왜 그럴까? 여러가지 이유가 있겠지만 무엇보다 연봉협상을 적극적으로 하면 돈을 밝히는 사람으로 간주하는 그릇된 문화, 그리고 전략을 수립하기에 너무 짧은 연봉협상 기간을 꼽을 수 있을 것이다.

연봉협상 과정에서 자신의 가치를 어필하고 그에 맞는 금액을 이끌어내는 것은 이직자가 누릴 수 있는 권리이다. 하지만 한국에서는 이러한 권리를 주장하는 사람을 속물로 보는 나쁜 시선이 있다. 그리고 연봉협상에 임하는 사람 본인도 이러한 시선에 오염되어 있다. 그러나 연봉협상을 하면서 몸값을 높이는 것은 그 사람이 똑똑하고 전략적인 사람이라는 것을 의미한다. 이런 사람은 입사하게 되면 여러 이해관계자와 협상을 능숙하게 해 회사에 큰 수익을 가져다줄 가능성이 높다. 따라서 연봉협상을 적극적으로 하는 것을 부정적으로 보는 시선은 없어져야 하며 당사자도 이에 당당하게 임해야 한다.

연봉을 협상할 수 있는 시간이 짧은 것도 문제이다. 회사 입장에서는 연봉협상을 할 시간을 가능하면 짧게 주는 것이 당연히 유리하다. 보통 처우안을 제시하고 길어야 일주일 정도 시간을 주는 것이 일반적이다. 하지만 굳이 서둘러 입사를 해야 하는 상황이 아니라면 충분한 시간을 두고 연봉협상에 임하는 것이 좋다. 이 시간 동안 본인의 가치에 대해 어필하고 그에 맞는 대우를 받도록 해야 한다.

입장을 바꿔 당신이 채용 담당자라고 생각해보자. 이미 어떤 사람을 채용하기로 결정했고 임원들에게 보고까지 되었다. 남은 것은 연봉협상이다. 만일 연봉협상이 틀어져서 채용이 무산되면 사람을 다시 찾고 면접을 진행해야 한다. 그렇게 되면 담당자 입장에서도 스트레스가 이만저만이 아니다.

이 이야기를 하는 것은 연봉협상의 카드는 당신에게 있다는 점을 알려주기 위해서이다. 영화 〈타짜〉 대사처럼 "쫄리면 뒤지시든지…." 하는 마음으로 임해야 연봉협상을 부정적으로 보는 사회적 편견과 의도적으로 짧게 주어지는 시간으로부터 자유로워질 수 있다.

대한민국 직장인들이 연봉협상 전략을 면밀히 수립해 자신의 가치를 인정받으며 좋은 조건으로 이직하기를 간절히 바란다. 이러한 간절함으로 그동안 수많은 연봉협상을 통해 정리한 노하우를 공개하려 한다. 자신의 상황이나 위치에 따라 조금씩 달라질 수는 있지만, 대략 10가지의 원칙을 생각해볼 수 있다.

1. 시장 조사를 반드시 하라

2. 기대 연봉의 최소값과 최대값을 정하라

3. 자신의 강점을 명확히 밝히고 수치화하라

4. 연봉은 분명한 하나의 숫자로 말하라

5. 다른 대안을 만들고 이를 이용하라

6. 최소 희망 연봉을 먼저 말하지 말라

7. 연봉 상승률을 고려하라

8. 기회비용을 고려하라

9. 뭔가 잃었다면 반드시 다른 것을 얻어라

10. 부가적인 혜택을 만들어라

자, 이제 협상 테이블에 임한다는 마음으로 1계명부터 찬찬히 살펴보도록 하자. 연봉협상 전략을 얼마나 잘 세우느냐에 따라 매월 통장에 들어오는 금액이 달라질 수 있다.

제1계명

: 시장 조사를 반드시 하라

연봉협상 전에는 자신의 몸값에 대한 시장 조사를 반드시 해야 한다. 조사를 하지 않았다면 연봉협상에 임하지 말아야 한다. 자신이 일하는 산업군, 직무, 직급, 연차 등을 고려할 때 어느 정도 받는 것이 적절한 수준인지 알아보는 것은 이직자로서 당연한 의무이다.

예전에는 적정 연봉 수준에 대해 알아볼 수 있는 방법이 별로 없었다. 기껏해야 지인들에게 수소문해서 대략 어느 정도가 적당한지 확인하는 수준이었다. 그러나 요즘은 마음만 먹으면 인터넷에서 연봉 정보를 손쉽게 찾을 수 있다.

대표적으로 잡플래닛(jobplanet.co.kr)에서는 주요 기업들의 연봉 정보를 찾아볼 수 있다. 회사, 직급, 직무별 연봉 범위가 잘 정리되어 있으며 참여자들의 데이터도 많은 편이다. 아울러 기업문화 및 직무 만족도에 대한 리뷰도 함께 볼 수 있으니 이직을 하기 전에 반드시 참고할 만하다. 요즘은 블라인드(teamblind.com/kr)를 통해 해당 직장에 대한 솔직한 내부 평가와 연봉 정보도 얻을 수 있고, 크레딧잡(kreditjob.com) 등 구직 및 연봉 사이트를 통해 연봉에 대한 기본적인 리서치가 가능하다.

글로벌 기업의 정보를 알고 싶다면 글래스도어(glassdoor.com)를 추천한다. 글래스도어는 지역, 회사, 직군, 포지션별로 연봉 정보를 제공한다. 전 세계적으로 가장 많은 정보가 있는 사이트로서 상당히 신뢰할 만하다. 그러나 한국 회사의 정보는 그리 많지 않다.

이러한 사이트를 통해 내가 받을 수 있는 평균 연봉, 최소 연봉, 최대 연봉에 대한 정보를 얻을 수 있고, 연봉 오퍼를 받았을 때 회사에서 제시하는 금액이 시장 평균 대비 어느 정도 수준인지도 파악할 수 있다. 따라서 이러한 정보를 미리 알아두면 연봉협상을 진행할 때 여러모로 유용하다. 시장 조사가 연봉협상의 출발점이라 볼 수 있다.

제2계명
: 기대 연봉의 최소값과 최대값을 정하라

시장 조사가 끝나면 내가 기대하는 연봉 수준을 정의해야 한다. 기대 연봉 수준은 연봉협상에 전략적으로 접근하기 위해 필요한 것으로, 기존에 이를 뜻하는 용어가 없어서 나름대로 이름을 붙여봤다. 바로 '잭팟(Jackpot) 연봉', '그린라이트(Greenlight) 연봉', '워크어웨이(Walk away) 연봉'이다.

잭팟 연봉은 말 그대로 '대박나는' 연봉이다. 내가 시장에서 받을 수 있는 연봉의 최대치로서, 속으로는 쾌재를 부르면서 겉으로는 덤덤한 얼굴로 당장 수락해야 하는 연봉이다. 하지만 이러한 잭팟 연봉은 대부분 그림의 떡인 경우가 많다.

만약 그림의 떡이라면 왜 굳이 잭팟 연봉을 정해놓아야 할까? 바로 잭팟 연봉은 협상의 출발 지점이 되며 유리하게 협상하기 위해 반드시 필요하기 때문이다. 연봉협상 시 잭팟 연봉을 제시해서 회사가 수락하면 그야말로 대박이다! 하지만 대부분의 경우 잭팟 연봉은 너무 높은 수준이어서 회사에서는 조정을 하려고 한다. 그러면 이 연봉을 기점으로 출발해서 점점 내려오면 된다.

그린라이트 연봉은 말 그대로 '이 정도면 이직해도 된다'고 생각하는 연봉이다. 비록 잭팟 연봉에 미치지는 못하지만 그래도 연봉협상 이후 아쉬움은 남지 않는 수준이다. 보통 현재 연봉을 조금 상회하면 그린라이트 연봉이라고 볼 수 있다. 대부분의 연봉협상 결과가 그린라이트 연봉 수준이라고 볼 수 있는데, 이때 어떤 연봉협상 전략을 갖느냐에 따라 연봉 금액이 달라질 수 있다.

워크어웨이 연봉은 '받아들일 수 없는' 수준의 연봉이다. 워크어웨이라고 이름을 지은 이유는 협상 테이블에서 이 정도 연봉을 제시하면 그냥 걸어나가야 하기 때문이다. 이 정도 수준이라면 수용 불가하다고 의사 표현을 해야 한다(물론 거부할 때는 대안이 있거나 당장 이직을 하지 않아도 괜찮을 때여야만 한다. 아무런 대안 없이 거절하면 자충수를 두게 될 수도 있다).

그렇다면 왜 워크어웨이 연봉을 제안받았을 때는 일단 협상 자리를 박차고 나가야 할까? 그 답은 앞에서 언급했던 것처럼 채용 담당자의 입장을 이해하면 알 수 있다. 채용 담당자는 당신에게 연봉 오퍼를 하기 전 임원들에게 보고했다는 사실을 꼭 기억하자. 당신을 채용하겠다는 결정은 채용 담당자 혼자만의 의견이 아니다. 인사 담당 임원, 해당 포지션 담당 임원, 팀장 등 내부 주요 관계자들에게 보고하고 조율된 사항이다.

따라서 당신이 입사를 거부할 경우 채용 담당자의 입장이 곤란해진다. 임원들은 당신이 입사할 것이라고 기대하고 있는데 갑자기 입사를 하지 않으면 채용 담당자가 압박을 받게 된다. 설상가상으로 채용 담당자는 후보자 물색, 이력서 검토, 면접 일정 조율, 면접, 연봉협상 등 채용 프로세스를 전부 다시 해야 하는 곤란한 경우가 발생할 수 있다. 따라서 채용 담당자는 당신이 입사를 거부하는 사태를 최대한 막으려 할 것이다.

만일 이 워크어웨이 연봉이 그 회사에서 제안할 수 있는 최선일 경우, 입사를 하면 안 된다고 냉정하게 판단해야 한다. 만약 회사에서 연봉을 조금 높여줄 수 있는 상황이라면 기대 수준을 다시 물어볼 것이다. 이때는 잭팟 수준의 연봉을 제시해서 최대한 상향 조정된 수준으로 다시 처우안을 재고해볼 수 있도록 유인해야 한다.

컨설팅업에 종사하는 MBA 동기 한 명이 홍콩 BCG에서 3년간 근무하다가 이직하려고 회사를 알아보고 있었다. 그 친구는 몇 군데에서 면접을 본 후 중국 최대 보험회사인 A사에 기존 연봉을 조금 상회하는 수준으로 연봉협상을 마무리하며 성공적으로 이직했다. 그런데 이직한 직장에 출근한 지 며칠 지나지 않아 글로벌 리테일 업체에서 오퍼가 왔다. 그런데 이 업체가 제시한 연봉이 생각보다 낮았다. 현 보험회사에서 받고 있는 연봉의 1.2배 수준이었다. 그 친구는 옮길 생각이 별로 없어서 간접적인 거절의 표시로 아주 높은 연봉을 불렀다. 그 후 연락이 없어서 진행이 안 되었다고 생각했는데, 놀랍게도 2개월 후에 그 리테일 업체에서 연봉을 맞춰줄테니 입사해달라고 연락이 왔다. 결국 그 친구는 소위 '연봉 대박'을 치고 리테일 회사의 상무로 일하게 되었다. 이직 시 잭팟 연봉으로 협상에 성공한 좋은 사례라고 볼 수 있다.

위에서 살펴보았듯, 연봉협상 전략을 잘 세워야 연봉협상에 성공할 수 있다. "말 한마디에 천냥 빚 갚는다"라는 속담처럼 연봉협상을 잘하면 "말 한마디에 연봉 몇 천 만원이 달라진다"라고 말할 수 있을 것이다.

그렇다면 지금까지 설명한 기대 연봉 세 가지를 기반으로 연봉협상 가상 사례를 들어보겠다. 김영이 씨는 얼마 전 A증권사 마케팅 팀장 포지션 오퍼를 받았다. A증권사에서 처우안을 제시하기 전에 영이 씨는 시장 조사를 했다. 조사 결과 영이 씨가 받을 수 있는 연봉 수준은 6천만 원에서 9천만 원 사이였다.

최소값	현재 연봉	최대값
6천만 원	7천만 원	9천만 원

그림 5.1 연봉 조사 결과

이 과정에서 영이 씨는 본인이 현재 시장 평균보다 조금 낮은 수준의 연봉을 받고 있다는 것을 알게 되었다. 그래서 이번에 이직할 때 최대한 연봉을 높이고 싶은 욕심이 생겼다. 김영이 씨의 현재 연봉은 7천만 원이고, 고정 비용에 향후 추가될 자녀들 교육비까지 고려했을 때 수용 가능한 연봉은 최소 7천 500만 원이다(그린라이트 연봉). 김영이 씨가 바라는 가장 이상적인 연봉은 8천 500만 원이다(잭팟 연봉). 이직할 회사에서 8천 500만 원을 받으면 세금을 제외하고도 지금 월급보다 한 달에 100만 원은 더 많이 받을 것이다. 이 정도면 저축도 하고 여유롭게 살 수 있는 수준이다. 이 경우 A증권사로 바로 옮길 것이다. 만약 A증권사에서 7천 500만 원 미만을 제시하면 김영이 씨는 현 직장에 계속 다닐 생각이다(워크어웨이 연봉).

워크어웨이 연봉	그린라이트 연봉	잭팟 연봉
7천 500만 원 미만	7천 500만 원~8천 500만 원	8천 500만 원 초과

그림 5.2 김영이 씨의 기대 연봉 정의

영이 씨는 A증권사에 원천징수영수증을 제출했다. 채용 담당자는 현 회사에서 받고 있는 연봉에 500만 원을 얹어서 7천 500만 원을 제시했다. 김영이 씨는 고민에 빠졌다. 겨우 500만 원 상승이라니. 그래도 어찌되었든 그린라이트 연봉 수준이기도 하고 500만 원이라도 올랐으니 거절하기에는 좀 아까웠다. 영이 씨는 용기를 내어 7천 500만 원은 지금과 별 차이가 없는 수준이라고 말하면서 조금 더 인상이 가능할지 물어봤다. 며칠 후 채용 담당자는 최종안으로 7천 800만 원을 제시했다. 영이 씨는 최종안이라는 말에 덜컥 겁이 나서 7천 800만 원 제시안을 받아들이고 이직을 하기로 결심했다. 아마 이 케이스가 가장 일반적인 연봉협상 시나리오일 것이다.

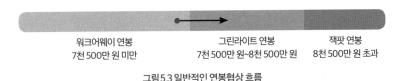

| 워크어웨이 연봉 | 그린라이트 연봉 | 잭팟 연봉 |
| 7천 500만 원 미만 | 7천 500만 원~8천 500만 원 | 8천 500만 원 초과 |

그림 5.3 일반적인 연봉협상 흐름

반면 잭팟 연봉에 기반한 협상의 경우를 생각해보자. 앞의 경우처럼 채용 담당자는 첫 번째 처우안으로 7천 500만 원을 제시했다. 김영이 씨는 채용 담당자에게 바로 전화했다.

"고민을 많이 하시고 처우안을 제시해주신 점에 진심으로 감사드립니다. 하지만 7천 500만 원은 제가 생각하는 수준과 차이가 많이 나는 것 같습니다. 제가 A증권사에서 맡을 업무의 성격과 중요도를 생각하면 8천 500만 원 정도는 받아야 할 것 같습니다. 이 점 고려해서 다시 한 번 처우안을 제시해주시면 감사하겠습니다."

물론 이 말을 하면서 영이 씨는 걱정이 되었다. 희망 연봉을 너무 높게 제시해서 A증권사가 이직 제안을 철회하면 어떡하지? 하지만 영이 씨는 한편으로는 이번에 이직이 무산되면 현 직장에 그대로 다니라는 신호로 받아들이자는 마음도 있었다. 그렇게 생각하니 한결 마음이 편했다.

일주일 후에 채용 담당자에게 연락이 왔다. 채용 담당자는 연봉 8천 500만 원은 맞춰주기는 어려우므로 조금만 기대 수준을 낮춰줄 수 있는지 조심스럽게 물었다. 영이 씨는 속으로 쾌재를 부르면서도 최대한 실망스러운 목소리로 말했다.

"음… 조금만 더가 어느 정도 수준일까요? 혹시 300만 원 낮춰서 8천 200만 원은 가능할까요? 이 수준보다 낮으면 안타깝지만 이직 자체를 재고해보아야 할 것 같습니다."

채용 담당자는 8천 200만 원에 동의하며 영이 씨에게 배려해줘서 감사하다고 말했다.

워크어웨이 연봉	그린라이트 연봉	잭팟 연봉
7천 500만 원 미만	7천 500만 원~8천 500만 원	8천 500만 원 초과

그림 5.4 잭팟 연봉에 기반한 연봉협상 흐름

이렇듯 기대 연봉 수준을 어떻게 잡고 어떻게 커뮤니케이션 하느

나에 따라 연봉협상 결과는 달라질 수 있다. 핵심은 자신의 기대 연봉 수준을 세 가지 단계로 나누고 전략적으로 협상 주도권을 가져가는 것이다.

제3계명
: 자신의 강점을 명확히 밝히고 수치화하라

연봉협상은 숫자 싸움이다. 우리가 집을 살 때 집의 상태 및 여러 가지 조건을 언급하면서 가격을 조정하듯이 연봉협상에서도 구체적으로 자신의 가치를 정량화해 조정해야 한다. 과거 업무를 하면서 회사의 비용을 절감하거나 수익을 창출한 사례를 언급하면서 이를 정량화하여 커뮤니케이션을 하면 유리한 고지를 점할 수 있다.

나의 경우 사내 컨설팅 혹은 전략수립 포지션에 대한 연봉협상을 할 때, 내부에서 자체적으로 프로젝트를 주도해 진행할 경우 수억 원의 컨설팅 비용을 절감할 수 있다는 것을 어필했다. 그리고 실제로 입사 후 이 일을 맡아 6~7억 원 정도의 컨설팅 비용을 절감했다.

회사가 나를 채용함으로써 얻게 되는 효익을 숫자로 정리하고 이를 구체적인 근거를 들어 정량화해보자. 물론 그 숫자에 대한 판단은 보는 시각에 따라 다를 수 있지만, 이렇게 정량화하면 당신이 이 회사에 가치를 창출할 수 있는 인재라는 것을 한눈에 보여줄 수 있다. 당신이 다른 사람들과 차별화되는 역량이 무엇이고 이를 통해 어떤 성과를 이뤄냈는지 설득력 있게 전달하자.

예를 들어, 디지털 마케팅 업무를 통해 기존 광고 예산을 절반 가까이 절감하면서도 전체 브랜드 인지도를 몇 % 상승시켰다는 식의 차별화되고 정량화된 이야기를 해주면 연봉협상에 유리하게 작용할 것이다. 생각해보자. 직원이 몇 천만 원에서 몇 억 원까지 회사에 이득을 가져다 줄 가능성이 있는데 연봉을 좀 더 준다고 해도 회사 입장에서는 남는 장사가 아니겠는가?

제4계명
: 연봉은 분명한 하나의 숫자로 말하라

연봉협상에서 흔히 하는 실수가 범위를 제시하는 것이다. 어느 정도 연륜 있는 채용 담당자는 연봉협상을 시작할 때 다음과 같이 이야기를 꺼낸다.

"희망하시는 처우 수준이 어느 정도입니까?"

이는 '수준'이라는 말을 통해 연봉을 범위로 답하도록 유도하는 교묘한 질문이다. 순진한 이직자들은 이러한 답변에 너무나 쉽게 본인의 최소 희망 연봉을 이야기한다.

"한… 7천만 원에서 8천만 원 정도 됩니다."

채용 담당자는 속으로 제시할 연봉 수준을 이미 결정했다. 며칠 뒤 처우안에는 연봉 7천만 원이라고 쓰여 있다.

연봉협상에서 기대 연봉 수준을 말할 때 절대 범위를 제시하면 안 된다. 그럴 경우 받게 될 연봉은 거의 무조건 최소값에 세팅된다는 것을 명심하자. 협상 상대방인 채용 담당자는 당신의 마음속에 있는 최소값 찾기에 혈안이 되어 있다. 채용 담당자에게 자신의 최소값을 들키는 순간 연봉협상에서 패배하고 만다.

그렇다면 어떻게 대답해야 할까? 분명한 하나의 숫자로 표현해야 한다. 그리고 그 숫자는 최소값이 아닌 최대값, 즉 앞서 말한 잭팟 연봉이 되어야 한다. 앞의 김영이 씨의 경우에는 "예, 8천 500만 원이 희망 연봉입니다" 이렇게 당당하게 대답해야 한다. 이때 채용 담당자의 얼굴이 굳어지면 3계명에서 말했던 대로 자신의 가치를 정량화하여 이야기함으로써 최대한 8천 500만 원에 맞추도록 굳히기 작전에 들어가야 한다.

"제가 재직 중인 회사에서 디지털 마케팅 관련 에이전시들을 많이 관리해봐서 매년 광고비용 절감에 대한 노하우가 있습니다. 자세히 내역을 봐야 알겠지만 제 경험상 통상 10% 정도는 비용 절감 기회가 있다고 생각합니다. 그러면 연 평균 약 1억 원 가까이 비용 절감이 가능할 것으로 추산됩니다."

그리고 속으로 외쳐라. '1억 원 절약해주는데 연봉을 조금 더 얹어주는 걸 아까워하면 안 되겠지?'

이렇듯 자신의 가치를 분명한 하나의 최대값으로 표현해야 한다. 연봉협상은 그 숫자에서부터 시작할 것이다. 어설프게 희망 연봉 범위를 제시하면 연봉협상에서 피해를 볼 수밖에 없다.

제5계명
: 다른 대안을 만들고 이를 이용하라

연봉협상 시 도망갈 대안 없이 배수진을 칠 경우 백전백패이다. 손자병법 중 마지막 36계는 주위상(走爲上), 즉 도망가는 것이다. 내 경험에 비춰볼 때 연봉협상에서 도망갈 구석을 여러 개 만들어놔야 성공 확률이 높아진다. 협상에는 두둑한 배짱이 필요하고 이는 내게 다른 선택지가 있을 때 나오기 때문이다.

그렇다고 채용 담당자에게 이 회사 말고 다른 대안이 있다는 것을 대놓고 말하면서 처우를 그 수준에 맞춰달라고 하라는 것은 아니다. 이는 당신을 교활하고 돈만 밝히는 사람처럼 보이게 만들 수 있다.

채용 담당자 입장에서도 당신이 좋은 인재라고 생각해도 다른 곳과 비교하는 모습을 보이면 소위 '간 본다'는 생각 때문에 불쾌할 수도 있다.

관건은 다른 대안을 만들어 그것을 얼마나 전략적이고 지혜롭게 이용하느냐이다. 그 답을 찾기 위해 채용 담당자 입장에서 생각해보자. 이 후보자가 다른 곳에서도 오퍼를 받았다는 것을 채용 담당자가 알게 되면 두 가지 생각이 들 것이다. 하나는 당신이 다른 선택을 할 수도 있다는 것, 다른 하나는 당신이 이 분야에서 꽤 잘나간다는 것. 이 두 가지 생각이 채용 담당자 머릿속에 떠오를 때 어떻게 해야 원하는 것을 얻을 수 있을까?

우선 자신의 시장 가격을 간접적으로 전달한다. 가능하면 헤드헌터나 다른 사람을 통해 자신이 어느 정도의 가치 평가를 받고 있는지 간접적으로 전달하면 된다. 불가피한 경우를 제외하고 절대 자신의 입으로 '다른 회사에서는 얼마를 제시했다'고 말하면 안 된다.

그 다음은 채용 담당자의 판단에 전적으로 맡긴다. 이는 내가 먼저 다른 곳이 제시한 수준으로 맞춰달라고 하지 말아야 한다는 것을 의미한다. 복잡한 계산은 채용 담당자가 하고 그 답을 말하도록 해야 한다. 채용 담당자는 당연히 다른 대안의 수준을 감안하고 계산해 말할 것이다.

시장에서 장을 보는 경우를 예로 들어 설명하겠다. 시장에서 사과 한 박스를 사려고 한다. A가게에서는 3만 원, B가게에서는 2만 5,000

원에 파는데 당신은 제일 가까운 A가게에서 사과를 사고 싶다.

> "B가게에서는 2만 5,000원에 파는데 여기는 왜 이리 비싸요. 5,000원 싸게
> 팔면 당장 사갈게요."(직접적인 비교와 일방적 요구)

> "다른 가게에서는 좀 더 저렴하게 살 수도 있는 것 같던데…. 다리도 아픈데
> 발품 좀 덜 팔게 도와주세요."(간접적으로 비교 후 자체 판단 유도)

둘 중 어느 경우가 서로 기분 상하지 않고 매너 있게 협상할 수 있을까? 당연히 두 번째 경우이다. 기준점을 우회적으로 제시하고 가게 주인의 의사 결정을 유도하는 것이다. A가게 주인 입장에서도 두 번째 경우에 훨씬 기분 좋게 사과를 팔 수 있을 것이다.

채용 담당자에게도 두 번째 접근법을 취해야 한다. 내 시장 가격을 우회적으로 전달하고 이 시장 가격에 맞춰줄지 아닐지는 스스로 판단하게 해야 상호 기분 나쁘지 않게 다른 대안을 영리하게 이용할 수 있다.

나도 비슷한 경험이 있다. 과거 이직할 때 몇 군데의 회사를 두고 고민하고 있었다. 이런 경우 대안 중 우선 순위가 생기기 마련이다. 내가 제일 가고 싶었던 A사는 채용 프로세스가 지연되고 있었다. 반면 우선순위에서 밀린 B사의 경우 채용 프로세스가 가장 빨리 진행되었으며 면접을 본 지 보름만에 처우 조건까지 제시했다. 조건이 꽤

괜찮아서 이것만 따지면 B사에 합류하고 싶었다.

가장 좋은 시나리오는 제일 가고 싶은 A사에서 B사 수준의 연봉을 오퍼하는 것이었다. 어떻게 하면 가장 좋은 시나리오대로 진행되도록 할까 고민하면서 헤드헌터에게 상황을 설명했다.

"사실 B사에서 거절하기 힘든 수준의 오퍼를 해왔습니다. 그런데 아시다시피 저는 A사에 제일 가고 싶습니다. 죄송하지만 제 상황을 좀 전달해주시겠어요?"

헤드헌터는 A사 채용 담당자에게 내가 이미 다른 곳에서 좋은 수준의 오퍼를 받았으며 고민 중이라고 전달했다. 결과적으로 A사에서는 B사만큼은 아니지만 그래도 가능한 선에서 최상의 조건으로 오퍼를 해왔다. 그리고 담당자도 기다려준 것에 고마워해 좋은 관계를 유지할 수 있었고, 결국 나는 A사의 오퍼를 수락하고 좋은 조건으로 이직할 수 있었다.

제6계명
: 최소 희망 연봉을 먼저 말하지 말라

성공적인 협상을 위한 제1원칙은 '내 카드를 제일 늦게 보여주는 것'이다. 연봉협상에서도 이 원칙은 예외없이 적용된다. 내가 생각하는 최소 희망 연봉 카드를 섣불리 먼저 보여주면 최종 오퍼는 이보다 훨씬 적을 가능성이 높다. 회사의 연봉 수준이 어느 정도인지 알고 있더라도 내 최소 희망 연봉을 먼저 말하면 안 된다. 명심하자. 이를 먼저 말하는 순간 더 많은 연봉을 받을 수 있는 기회를 스스로 걷어차게 된다는 것을….

중요한 것은 잭팟 연봉과 최소 희망 연봉은 다르다는 것이다. 최소 희망 연봉은 당신이 '수용할 수 있는 수준'의 연봉이며 잭팟 연봉은 '협상용으로 쓰이는 최대치'의 연봉이다. 자신의 잭팟 연봉을 회사가 희망 연봉으로 받아들이게 하여 회사와 줄다리기를 하면서 가능한 연봉의 최대치를 받아야 한다. 회사가 희망 연봉을 이야기하라고 할 때 순순히 최소 희망 연봉을 이야기하는 순간, 연봉을 조정할 수 있는 여지는 사라지고 만다.

아래 예시를 보자. 보통 회사에는 각 직급별 연봉 범위가 있다. 그리고 당신의 경력을 고려할 때 받을 수 있는 연봉의 최대치가 정해져 있다. 하지만 외부에서 채용되는 입장에서 그 범위를 알기는 어렵다. 예를 들어, 그 회사의 팀장급 포지션의 연봉 범위가 최소 7천만 원에서 최대 9천만 원이라고 가정하자. 이는 당신이 연봉협상만 잘하면 9천만 원까지 받을 수 있다는 것을 의미한다.

하지만 최대 연봉인 9천만 원을 받는 경우는 거의 없다. 그 이유는 두 가지다. 회사 측에서 제일 낮은 수준의 연봉을 제시하고, 당신 스스로도 어느 정도 수준이면 수용할 수 있는지 카드를 먼저 보여주기 때문이다. 당신이 최소 희망 연봉인 7천 500만 원을 말한다면, 회사 측에서는 최대 9천만 원까지도 오퍼를 할 수 있는 상황이지만 이미 7천 500만 원이라고 말했기 때문에 이를 기준으로 협상을 할 것이다. 그렇게 되면 최종 연봉은 그 이상을 넘길 수 없다.

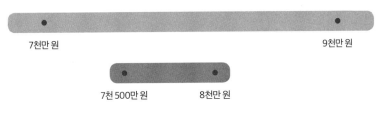

그림 5.5 회사에서 줄 수 있는 연봉 범위(위)와 나의 기대 연봉 범위(아래)

이 경우에는 먼저 '잘 모르겠다'고 말하고 회사에서 줄 수 있는 연봉 범위가 어떤지, 해당 직급의 연봉 최소값과 최대값이 어느 정도인지 물어봐야 한다. 그러려면 회사 측에서 먼저 숫자로 이야기하도록 집요하게 물어봐야 한다. 특정 숫자를 이야기하면 그 수준이 최소 수준인지, 최대 수준인지, 아니면 평균 수준인지 물어봐야 한다. 그래야 대략적인 연봉 범위를 추측할 수 있기 때문이다. 당신이 오퍼를 받고 회사가 당신을 채용할 생각이 있다면 이 정도는 물어봐도 된다. 이렇게 먼저 그 회사의 대략적인 연봉 범위를 파악하고 최대 연봉 수준을 목표로 잡아야 연봉협상에서 성공할 수 있다.

◆◆◆

지금까지 설명한 여섯 가지는 대부분의 상황에 적용되는 원칙들이다. 아래 네 가지는 특수한 상황에 적용되는 것으로, 각자 처한 상황과 이직할 회사에 따라 선별적으로 적용하면 된다.

제7계명
: 연봉 상승률을 고려하라

연봉협상 시 고려해야 할 또 하나의 요소는 연봉 상승률이다. 현재 연봉이 낮더라도 연봉 상승률이 높으면 몇 년이 지나면 희망 연봉 수준까지 오를 가능성이 있다. 반대로 지금 연봉이 높더라도 연봉 상승률이 낮아 매년 거의 비슷한 연봉을 받게 되면 연봉을 높여서 이직해도 큰 의미가 없다. 그렇기 때문에 연봉협상 시 연봉 상승률을 고려해야 한다. 이직하려는 회사의 연봉 상승률이 미미하다면 애초에 연봉 수준을 좀 더 높여야 한다. 연봉 상승률이 낮다면 추가적으로 요구해야 하는 연봉 수준은 다음과 같다.

(현재 연봉) x (현 회사 평균 연봉 상승률)(예상 근무 기간) — (이직 시 연봉) x (이직 회사 평균 연봉 상승률)(예상 근무 기간)

1) 평균 연봉 상승률

회사마다 연봉 상승률 체계가 다르다. 물가 상승률에 준하여 연봉이 상승하는 경우도 있고 성과 평가 결과에 따라 상승률이 결정되는 회사도 있다. 회사마다 연봉 상승률 체계가 다르므로 구직자가 직접 확인해야 한다. 연봉 상승률 기준은 채용 담당자에게 문의하는 것도 좋지만 가장 좋은 방법은 현재 그 회사에서 일하고 있는 사람의 이야기를 듣는 것이다.

2) 예상 근무 기간

예상 근무 기간은 현 직급에서의 추후 근속 기간이다. 가령 내가 이직한 다음 3년 후 승진 가능성이 있으면 연평균 연봉 상승률에 세 제곱을 하면 된다.

이렇듯 연봉 상승률까지 고려해서 내가 받아야 할 연봉 수준을 결정하고 연봉협상에 임하는 것이 좋다. 의외로 이 부분을 놓쳐서 몇 년 후에 이직을 후회하기도 한다. 현재 연봉보다 몇 백만 원 높여서 이직을 했지만 연봉 상승률이 미미하여 3년이 지나자 전 직장 동료들과 비교했을 때 적은 연봉이 찍히는 경우가 생기기도 한다.

다음 예시를 보자. 내가 현재 A사에서 일하던 중 B사에서 이직 제안을 받았다. 제안된 연봉은 지금 연봉보다 20% 높은 1천 200만 원이었다. 언뜻 생각하면 1천 200만 원은 1천만 원보다 20% 상승한 금액이니 꽤 괜찮은 조건처럼 보인다. 하지만 B사의 연봉 체계는 회사가 정해놓은 연봉 테이블을 따르기 때문에 아무리 성과가 좋아도 매년 연봉 상승률을 10% 이상 달성하는 건 어렵다. 게다가 보수적인 B사의 분위기상 현실적인 연봉 상승률은 3% 내외로 보였다.

이 경우 B사에서의 3년 후 연봉과 현재 다니는 A사에서의 3년 후 연봉을 비교해보면 표5.6과 같다. 결국 현 시점에서 볼 때는 200만 원 연봉 상승을 기대할 수 있지만 3년 후에는 연봉이 역전된다. 따라서 현 직장에서 열심히 일하는 것이 3년 후까지 생각한다면 더 나은 선택이라고 할 수 있다.

	현재 수준	연봉 상승률	1년 후	2년 후	3년 후
현재 연봉 (A사)	1천만 원	10%	1천만 원 × (1+10%) = 1천 100만 원	1천100만 원 × (1+10%)=1천 210만 원	1천 210만 원 × (1+10%) = 1천 331만 원
이직 시 연봉(B사)	1천 200만 원	3%	1천 200만 원 × (1+3%) = 1천 236만 원	1천 236만 원 × (1+3%) = 1천 273 만 원	1천 273 만 원 × (1+3%) = 1천 311 만 원

표5.6 A사와 B사 연봉 상승률에 따른 3년 후 연봉 비교

위 공식을 활용해 몇 년 후 내가 현재 위치에서 받을 수 있는 연봉과 이직할 경우 받을 수 있는 연봉을 따져보자. 특히 마지막 이직이라고 생각하는 경우에는 더더욱 연봉 상승률을 고려하여 연봉협상에 임해야 한다.

제8계명

: 기회비용을 고려하라

기회비용이란 내가 어떤 선택을 함으로써 잃게 되는 효익을 일컫는 말이다. 이직 시에는 이직으로 인해 현재 직장에서 잃게 되는 각종 효익을 통칭한다고 볼 수 있다. 기회비용에는 성과급, 승진 기회, 복지혜택 등이 있는데 가장 흔한 경우가 성과급이다.

가령 현 직장에서 매년 12월에 성과급을 받는다고 하자. 그런데 10월에 이직할 경우 12월에 받는 성과급이 기회비용이 된다. 이럴 경우 12월까지 근무하고 나온다고 하든지 아니면 12월에 받는 성과급만큼 이직하는 회사에서 사이닝 보너스를 추가 지급할 수 있는지 확인해야 한다.

이렇듯 성과급 및 연봉 상승에 따른 기회비용까지 고려하여 연봉협상에 임해야 한다. 물론 전부 다 반영은 안 되겠지만 그래도 연봉협상 시 충분히 꺼낼 만한 카드이다. 단, 기회비용 항목은 쌍방이 충분히 동의할 만한 것이어야 한다. 자칫 너무나 주관적인 기준으로 기회비용을 산정해 제시하면 애초에 말하지 않는 것보다 못한 결과를 초래한다. 채용 담당자가 '굳이 저런 것까지 포함시켜?'라는 생각을 하게 되면 당신에 대한 이미지가 나빠질 수 있다.

기회비용은 단어의 정의 그대로 '내가 이 회사로 이직함으로써 지금 내게 발생하는 비용'으로만 한정해서 판단하면 된다. 누구한테 물어봐도 이직으로 인해 내가 손해라고 생각하는 비용이 바로 기회비용이다.

제9계명:
뭔가 잃었다면 반드시 다른 것을 얻어라

연봉협상에서 양보는 미덕이 아니다. 연봉협상은 철저한 비즈니스이므로 검투사의 자세로 임해야 한다. 연봉협상을 진행하다보면 분명 희생하는 부분이 생길 것이다. 이럴 경우 반드시 다른 수단으로 보상받을 수 있도록 해야 한다. 잃는 만큼 얻어야 한다. 이 부분은 채용 담당자도 십분 이해할 것이다.

가령 보험사에 다니는 한 지인의 경우 이직 시 처우안을 받아보니 본인의 기대 수준보다 낮은 직급이 제시되어 있었다. 직급을 높이려 채용 담당자와 이야기를 했지만 회사 측에서는 과장 말년 차로서 1년 정도 역량 검증 기간을 갖고 1년 후에 차장으로 승진시켜주는 조건을 제시했다. 이 지인은 과장 말년 차 직급으로 옮기는 게 아쉬워서, 직급은 과장이지만 연봉은 차장 1년 차에 해당하는 금액을 맞춰달라고 요구했다. 회사 측에서는 직급을 낮추는 것이 미안해서였는지 연봉을 일정 부분 올려줬고 지인은 예정대로 그 회사로 이직했다.

이처럼 직급, 연봉, 복지 혜택, 부서 등 어떤 것을 포기하면 그에 상응하는 다른 것을 얻을 수 있어야 한다. 이러한 기브 앤 테이크 게임은 야박한 것이 아니다. 그 회사에 입사해서 후회하지 않으려면 내가 잃은 만큼 얻어야 한다. 그렇지 않으면 이직 후에도 회사에 괜히 서운한 마음이 남아 있고 그런 마음이 남아 있으면 이직한 회사에서 롱런하기도 힘들다.

제10계명

: 부가적인 혜택을 만들어라

연봉에는 매월 통장에 찍히는 금액 말고 다른 보상들이 포함되어 있다. 가령 식대 지원, 주택비 지원, 자녀 학자금 지원, 차량 지원 등 그 회사에서 일함으로써 받을 수 있는 혜택들이 있다. 연봉협상 시 위와 같은 포괄적 범위의 보상까지 포함해서 협상 테이블에 올려놓아야 한다.

이를 위해서는 반드시 사전에 부가적인 혜택 및 복지 제도가 무엇이 있는지 조사해야 한다. 그리고 각 혜택들이 협상 대상인지 아닌지 판단해야 한다. 대부분 부가적인 혜택 및 복지제도는 인사 제도상에 명시되어 있기 때문에 협상 대상이 아닌 경우가 많다. 하지만 특수한 상황이나 권한과 책임이 높은 직급의 경우에는 인사제도에 명시되지 않지만 특별히 주장할 권리가 있는 혜택이 있을 수 있다. 바로 이러한 혜택들이 협상 대상이다. 이럴 경우 적극적으로 협상하여 부가적인 혜택을 얻을 수 있도록 해야 한다.

가령 해외에서 일하는 경우 주거비와 자녀 학비로 인한 생활비 지출 규모가 꽤 크다. 이런 경우에는 회사 측에 일정 부분 지원을 요청할 수 있다. 싱가포르에 있는 한 글로벌 기업의 경우 포괄적 연봉 개념을 적용하여 외국인들이 싱가포르에서 일할 때 학비 및 주거비까지 커버할 수 있는 금액을 반영해 연봉을 산정한다. 이러한 부가적 혜택은 연봉협상 시 지원을 요청할 수 있는 항목들이다.

이렇듯 그 회사에서 제공하는 혜택 중 포괄적 연봉에 포함하고 있는 항목들이 뭐가 있는지 꼼꼼히 살펴봐야 한다. 의외로 비금전적 보상 수단을 제시함으로써 실제 연봉이 상승되는 효과를 누리는 경우가 많다.

한 예로 영국에서 일하다가 한국 IT기업에 오퍼를 받고 한국에 들어온 친구의 경우, 연봉과 별개로 2년 동안 초기 정착 명목으로 월세 중 일부를 지원받았다. 알고 보니 이 친구가 오퍼를 받고 나서 한국에 당장 살 곳이 없어서 정착하기 힘들겠다는 생각이 들어 인사팀에게 이 이야기를 정중히 했다고 한다. 일주일 후 그 회사에서는 2년간 초기 정착비 명목으로 월세 일부를 지원해주고 1년 후에는 장기 저리 대출을 알선해주겠다고 말했다. 그 회사로서는 어렵게 찾은 인재를 놓치기 싫었기 때문에 이런 혜택을 부여한 것이다.

이러한 부가적인 혜택은 나중에 이직 시 기본 연봉에 포함해 산정할 수도 있다. 회사로부터 받은 혜택이기 때문이다. 실제로 이직 시 헤드헌터나 채용 담당자가 이 부분도 확인한다. 주의해야 할 점은 이러한 부가적인 혜택은 적어도 팀장 이상 포지션일 경우에만 생각해 볼 만한 카드라는 것이다.

◆◆◆

위에서 설명한 연봉협상 10계명을 명심하며 연봉협상에 임하자. 준비된 연봉협상은 연봉을 높일 뿐 아니라 당신의 협상력과 커뮤니케이션 능력까지 회사에 효과적으로 전달하는 역할을 할 것이다. 부디 위에서 언급한 10계명이 실제 연봉협상 과정에 적용되어서 당신의 가치를 인정받게 하는 데 도움이 되었으면 한다.

연봉협상에 앞서 고민해보자

1 과거 이직 시 만족스러운 연봉협상을 했는가?

2 자신의 산업군, 직무, 직급, 연차 등을 고려했을 때 시장 평균 연봉은?

3 기대 연봉 수준을 정의해보자.

기대 연봉 수준	잭팟 연봉	그린라이트 연봉	워크어웨이 연봉
금액			

4 나만의 연봉협상 전략을 세워보자.

- _____
- _____
- _____
- _____
- _____
- _____

이직을 완성시키는
이직 후 90일 플랜

이직 후 90일이 중요하다, 연착륙을 위한 작전

합격만 하면 끝?
적응을 해야 진정한 이직의 완성

이직한 직장인 대부분이 별다른 계획 없이 새 직장에 적응하려는 노력만 하는 것을 보게 된다. 그러나 이직에 성공했다고 해서 끝이 아니다. 이직 후 장기적인 커리어 관리를 위해서는 반드시 자신만의 세부적인 계획이 있어야 한다.

이때 중요한 것이 '이직 후 90일 계획'이다. 자신만의 90일 계획을 갖고 새로운 직장 생활을 하는 사람과 그렇지 않은 사람은 조직 적응이나 조직의 평가에 있어서 차이가 나기 마련이다. 90일은 짧다고 하면 짧고 길다고 하면 긴 시간이다.

이 시간 동안 회사의 사업 모델 이해, 주요 임원들의 성향 파악, 일하는 프로세스와 방식 학습, 조직 문화 적응, 조직원들 간의 관계 파악 등 많은 일이 가능하다. 이 황금 같은 시기에 전략적으로 세운 90일 계획은 조직에서 성공하기 위해 반드시 필요하다.

이직 후 90일 동안 해야 하는 일은 여섯 가지로 추릴 수 있다. 회사 상황이나 개인의 상황 혹은 위치에 따라 조금씩 달라질 수 있지만 이 여섯 가지는 반드시 해야 하는 숙제이다. 이제 갓 이직을 했거나 조만간 이직을 할 예정이라면 반드시 숙지하기를 바란다.

90일을 기준으로 시간 순서대로 나열했지만, 반드시 이 순서를 지킬 필요는 없다. 90일 안에 완수할 수 있다면 순서는 조금씩 바뀌어도 좋다.

- 내가 누구인지 알려라(나의 밸류 프로포지션●을 명확히 하라).
- 내게 주어진 기대치를 확인하고 관리하라
- 사내 절차 및 프로세스를 숙지하라
- 조직 내 역학 관계를 눈치껏 파악하라
- 회사 내부에 우호적인 관계를 쌓아라
- 조기에 성과를 내라

●　value proposition, 회사 내에서 나의 위치

이직 후 0~30일
내가 누구인지 알려라

이직한 회사로 출근한 첫날, 사무실 문에 들어서는 순간 사람들이 쑥덕거리는 소리가 들리기 시작한다.

"저 사람 누구야?"

"어디서 왔대?"

"어느 팀에서 일하는 사람이지?"

당신에 대한 이야기가 사무실, 사내 메신저, 이메일을 통해 오간다. 당신에 대해 누가 알겠는가? 면접을 본 임원, 사장, 인사부서 사람만이 알 뿐이다. 그 사람들도 당신을 단 몇 시간 봤기 때문에 잘 안다고 할 수는 없다. 새로 이직한 조직에서 당신에 대해 객관적으로 설명해줄 사람은 없다.

회사에서 특정 인물에 대한 궁금증은 쉽게 사그러들지 않는다. 이럴 때 확인되지 않은 '뇌피셜' 정보들이 만들어지고 이 이야기는 쉽게 증폭되고 확산된다. 어느덧 독버섯처럼 당신에 대한 '썰'이 퍼진다. 그리고 그 썰은 한 번 돌면 바로 잡기 힘들 정도로 빠르고 멀리 전파된다.

하지만 당신은 순진하게 자신에 대한 썰이 회사 내에 없을 것이라고 생각한다. 혹은 남들이 당신에 대해 말하는 것을 듣게 되어도 직면하지 않고 회피한다. 이는 마치 다른 사람이 내 모습을 촬영한 동영상을 보는 게 힘든 것과 마찬가지다. 다른 사람이 보는 내 모습보다는 스스로 생각하는 내 모습에 더 익숙하기 때문이다.

그러나 이러한 썰이 자신의 이미지를 형성하도록 그대로 놔두면 안 된다. 적극 나서서 대응해야 한다. 적극적으로 대응하는 가장 좋은 방법은 자신의 입으로 명확히 커뮤니케이션하는 것이다. 이를 위해서 '나는 누구이고, 어떤 일을 해왔으며, 이 회사에서 무슨 업무를 담당하게 되었는지' 이 세 가지를 빠른 시일 내에 많은 사람들에게 전달해야 한다. 많은 시간도 필요없다. 엘리베이터 피치처럼 15초 동안 핵심 메시지 위주로 간략하게 전달하면 된다. 15초의 시간을 투자해 엘리베이터에서, 휴식시간에, 식당에서, 회의 석상에서 직접 자신을 소개하자.

"안녕하세요, 반갑습니다. 제 이름은 이미나이고 이전에 ABC사에서 신제품 개발 업무를 5년 정도 담당했습니다. 이번에 ×××팀에 ○○담당 자리에 오게 되었으며 앞으로 시장 조사, 고객분석, 경쟁사 동향 파악 등의 업무를 할 예정입니다."

군더더기 없는 자기소개를 통해 조직 내에 자신이 직접 말한 이야기가 퍼지게 해야 한다. 그리고 가능하면 적극적으로 사람들을 만나 나에 대해 궁금해하는 사항들에 답을 해줘야 한다.

이렇게 적극적으로 알리면 당신에 대한 올바른 이미지가 형성되고 동료 및 선후배들이 당신에 대해 동일한 그림을 그릴 수 있게 된다. 그리고 당신의 적극성에 대해 긍정적으로 평가하는 시선을 덤으로 받을 수 있다.

꼭 기억하자. 사람들은 생각보다 당신에게 관심이 많다. 표현을 안 할 뿐이지. 이들의 궁금증을 해소하지 못하면 '썰'은 바이러스처럼 퍼지게 된다.

이직 후 0~45일
내게 주어진 기대치를 확인하고 관리하라

새로운 회사로 출근하는 순간, 사람들은 당신에 대한 기대치를 갖게 된다. 올바른 기대치를 갖게 되는 경우도 있지만 그들 나름대로 상상의 날개를 펼쳐서 만든 기대치도 많다.

"이번에 온 김 팀장이 산적한 영업팀 이슈를 다 해결해줄 거야."

"김 팀장이 왔으니 이제 우리가 ×××업무를 신경쓰지 않아도 되겠군."

"김 팀장이 이전 회사에서 중동 지역을 전문으로 맡았다는데, 우리 카타르 프로젝트는 김 팀장이 알아서 해결해주겠군."

이러한 마음속의 기대치를 녹음해서 김 팀장에게 전달하면 김 팀장은 어떤 반응을 보일까? 아마 황당해하며 조기 이직 욕구가 치솟을 것이다.

중요한 질문을 던져보자. 사람들이 당신에 대해 갖고 있는 기대치는 당신과 명확히 이야기가 된 것일까? 이 기대치가 적어도 현실성이 있는 것일까? 당신이 동의하지 않은 기대치를 가지고 누군가가 당신의 성과를 평가하는 것은 참 불공평하다. 더 슬픈 사실은 이러한 잘못된 잣대를 갖고 당신을 바라보는 것에 대해 스스로 어떤 조치도 하지 않는다는 점이다. 우리는 누군가가 잘못된 잣대를 가지고 나를 바라보는 것에 대해 너무 둔감하거나 혹은 관대한 것은 아닐까?

기대치 확인이 중요한 이유는 비단 불공평 측면 때문만이 아니다. 그들과 당신 사이에 기대치에 대한 갭이 존재하고, 그 갭이 메워지지 않는 이상 당신의 성과가 평가절하 될 수 있기 때문이다. 앞선 예에서 김 팀장에 대해 갖고 있는 기대 중 하나는 '산적한 영업팀의 이슈를 해결하는 것'이다. 그러나 현실적으로 김 팀장이 영업팀의 산적한 이슈를 전부 해결할 수는 없다. 산적한 이슈가 무엇인지 정의하기도 힘들 뿐더러 이 이슈를 팀장의 권한과 능력으로 다 해결할 수는 없다.

김 팀장이 이 기대 사항을 확인하지 않은 상태에서 일하게 되면 김 팀장의 성과는 평가절하될 가능성이 높다. 김 팀장이 아무리 좋은 성과를 내더라도 정작 많은 이해관계자들의 기대가 충족되지 않으면 "김 팀장은 능력이 없군", "팀장 새로 왔다더니 뭔가 해결되는 것도 없네" 등 김 팀장의 성과를 평가절하시키는 목소리가 나올 수밖에 없다.

그렇다면 어떻게 해야 기대치를 파악하고 관리할 수 있을까? 그 정답은 사람들을 일일이 만나서 직접 확인하는 수밖에 없다. 한 사람씩 만나는 시간을 갖고 내 역할에 대해 기대하는 사항과 수준에 대해 물어보는 것이다. 이를 직접적으로 물어보기 부담스러우면 전임자가 어떤 식으로 일을 했는지 그리고 그 사람의 성과를 어떻게 평가하는지 물어보면서 벤치마킹을 할 수도 있다. 사람들과 이야기를 하면서 기대치 수준을 미리 조정해서 세팅해야 한다. 대화를 통해 라디오 볼륨을 줄이듯 자연스럽게 과도한 기대 수준을 낮추는 것이다.

기대 수준을 낮추는 작업은 지혜롭게 해야 한다. 잘못된 기대 수준에 대해 무조건 반박하거나 부정적인 이야기를 하면 안 된다. "상무님, 그건 좀 아닌 것 같은데요", "그 일은 제가 도저히 할 수 없습니다" 등 당신의 능력이나 자세에 부정적인 선입견을 줄 수 있는 말을 하면 안 된다. 우회적으로 표현하고 기대 수준 달성이 어려운 이유를 조목조목 제시해야 한다. 그리고 상대방의 협조를 요청해야 한다.

앞의 영업팀의 산적한 이슈를 해결해야 하는 김 팀장의 예를 들자면 다음과 같다.

"상무님, 제가 막상 와보니 저희 팀에 이슈가 너무 많아서 좀 놀랐습니다. 상무님 입장에서도 좀 답답하셨을 것 같습니다. 제가 볼 때, a, b, c 문제는 제가 빠른 시일 내에 해결할 수 있을 것 같습니다. 그런데 d, e 문제는 상무님의 도움이 필요할 것 같습니다. 특히 d 문제를 해결하려면 인사팀의 협조와 예산이 좀 투자되어야 할 것 같은데, 상무님 생각은 어떠하신지요?"

위 대화를 보면 자연스럽게 d, e 문제가 해결하기 어렵다는 메시지를 전달하면서 문제 해결에 상무님의 협조를 요청했다. 더 나아가 어떤 관점으로는 문제 해결에 대한 키가 상무님에게 토스된 것으로 볼 수도 있다.

이와 관련해, 예전에 컨설팅 회사에서 함께 일했던 인턴이 생각난다. 일을 아주 잘하는 인턴이었고 일을 대하는 태도도 훌륭했다. 이 인턴이 출근 2주째에 나를 감동시켰던 말이 있다.

"선배님은 제가 어느 정도 수준까지 일을 해야 한다고 기대하세요?"

"음, 그건 왜?"

"선배님께서 제게 요구하시는 수준을 알아야 제가 스스로 할 수 있는 부분과 할 수 없는 부분을 판단할 수 있을 것 같아서요. 그리고 스스로 할 수 없는 일은 도움을 요청하거나 스스로 노력해서 요구하신 수준에 맞춰보려고요."

이 말을 듣고 그 인턴이 얼마나 예뻐보였는지 모른다. 이후 나는 조금이라도 더 신경써서 업무 지시를 내리게 되었고 이 친구의 성장을 위해 어떻게 해야 할지 관심을 갖게 되었다.

기대치는 절대적으로 관리할 수 있다. 처음에는 어색하고 힘들더라도 상대방의 나에 대한 기대치를 관리하는 연습을 하면 이에 필요한 지혜와 커뮤니케이션 능력이 생길 것이다.

이직 후 10~30일
사내 절차 및 프로세스를 숙지하라

워낙 당연한 이야기인 것 같아서 여기에 포함시킬지 말지 고민했다. 그러나 의외로 비용 처리, 휴가·반차 결재, 결재 상신 등의 기본적인 업무 처리 실수 때문에 이직 초기에 어려움을 겪는 경우를 보아서 넣게 되었다.

나도 이런 경험이 있다. 영국에서 직장 생활을 할 때에는 휴가를 마음대로 썼다. 휴가 신청하는 절차도 간소했다. 굳이 인사 시스템에서 휴가 결재를 받지 않고 구두로 상사에게 말한 다음 휴가를 낸 경우도 많았다. 물론 나중에 인사 시스템에 모든 휴가 일수를 정확하게 반영했다. 보통 휴가는 다음과 같이 신청했다.

"안녕하세요, 저 내일 휴가를 낼 예정이라서 회사에 없을 겁니다. 휴가 전에 혹시 저랑 이야기하실 부분이 있을까요?"

"아니요. 특별히 급한 건 없습니다. 휴가 잘 보내요. 휴가 때 뭐 할 거예요?"

"특별히 할 일은 없어요. 그냥 신경 끄고 느긋하게 쉬고 싶어서요."

    그러나 한국에서는 휴가를 이런 식으로 내서는 안 된다. 이런 식으로 갑작스럽게 통보식으로 휴가를 몇 번 낸 후 조직에서 소위 '개념없는' 사람이 되었다. 한국 회사에서 휴가는 미리 신청해서 시스템에 반영이 되어야만 갈 수 있는 것이었다. 그리고 상사와 동료들에게 미리 알려주는 것이 예의였다.

    사내 결재도 마찬가지다. 해외에서 근무하며 주로 이메일을 통해 결재하는 방식에 익숙했던 나는 한국 기업에서도 이메일이 결재의 효력을 갖는 수단인 줄 알았다. 하지만 한국에서 사내 결재는 반드시 시스템에 기록이 되어야 했다. 그래서 복잡한 사내 결재 시스템과 규정들을 숙지하는 데 시간이 꽤 걸렸고 애를 먹었다. 처음 사내 결재 시스템을 쓸 때는 반려, 결재, 상신 등의 용어를 검색해가며 파악했다. 특정 결재 건을 어떤 메뉴에서 작성해야 할지 몰라서 후배들에게 물어보면서 처리한 적도 있다. 당연한 말이지만, 로마에서는 로마법을 따라야 하듯 새로운 직장에서는 그 직장의 업무 방식을 따라야 한다.

    기본적인 실수는 해서는 안 된다. 기본일수록 철저하게 관련 규정들을 공부하고 익혀야 한다. 모르면 인사팀이나 총무팀에 물어봐서 확인해야 한다. 귀찮아하지 말고 기본적인 사항을 마스터하자.

이직 후 30~60일
<u>조직 내 역학 관계를 눈치껏 파악하라</u>

직장에서 조직과 사람 사이는 좋은 관계든 나쁜 관계든 애매한 관계든 관계의 끈으로 묶여 있다. 우리가 조직생활을 지혜롭게 하기 위해서는 이러한 관계의 끈을 파악하고 있어야 한다. 이를 소위 역학 관계라고 한다.

특히 조직 내 리더십 간의 관계 파악은 굉장히 중요하다. 내 상사와 그들의 리그에서 펼쳐지는 다양한 관계의 끈을 파악해야 이 안에서 어떻게 행동해야 할지 수가 보이기 때문이다. "눈치가 빠르면 절에 가서도 새우젓을 얻어먹는다"라는 속담이 있듯이 이들 사이에서 내가 어떠한 포지션을 취할지에 대한 판단을 해야 살아남을 수 있다.

조직 내의 역학 관계는 철저히 비밀스럽게 파악하고 커뮤니케이션을 해야 한다. A상무와 B전무 사이가 좋지 않다고 누가 대놓고 이야기를 하겠는가? 절대 먼저 이야기해주지 않는다. 일반화하기에는 조심스럽지만 내 경험상 가장 손쉽게 파악하는 방법은 민감한 촉으로 가설을 세운 뒤 주위 사람들에게 물어보면서 확인하는 것이다.

가령 "제가 회의 시간에 들어가보니 A상무님과 B전무님은 서로 전혀 이야기를 나누지 않고 쳐다보지도 않으시네요. 혹시 두 분 사이에 무슨 불편한 일이라도 있을까요?"라고 주위 사람들에게 최대한 조심스럽게 물어봐야 한다. 그리고 이러한 역학 관계가 파악이 되면 절대 이를 발설해서는 안 된다. 오직 당신의 머리속에서 조직이 돌아가는 흐름을 읽는 데만 사용해야 한다. 조직 내 역학 관계는 사람들이 알고는 있어도 말로 내뱉지 않는다. 만일 당신 입을 통해 조직 내 역학 관계가 외부에 유출되고 소문의 발원지가 당신으로 밝혀진다면 곤란해질 수 있다.

역학 관계가 파악이 되면 조직이 흘러가는 모습을 읽고 예측하는 목적으로 쓰여야 한다. 가령 A상무와 B전무가 서로 껄끄러운 관계임을 알았다면 B전무의 최우선 과제인 ××프로젝트에 A상무가 기꺼이 협조하지는 않을 것이라는 것은 눈치로 알 수 있을 것이다. 당신은 그 수를 읽고 자신에게 가장 유리한 선택을 하면 된다.

조직 내 역학 관계를 파악하는 것은 마치 장기판에서 각 말들이 어떤 방향으로 움직일 것인지 예측하는 것과 같다. 그 패턴을 알아야 상대방의 수가 보이고 내가 어떤 말을 어떻게 써야 할지 생각하게 된다.

이직 후 30~90일
회사 내부에 우호적인 관계를 쌓아라

이직 후 반드시 해야 하는 일은 우군을 만드는 것이다. 우군을 만들라고 해서 편가르기를 하라는 뜻이 아니다. 나의 우군은 내가 어려울 때 나의 입장에서 나를 대변해줄 수 있는 사람이다. 영어로

'Somebody to pound the table', 즉 '회의석상에서 테이블을 주먹으로 치면서 나를 두둔해줄 사람'이 있어야 한다. 조직 생활은 절대 혼자 할 수 없다. 좋은 동료와 멘토가 나를 뒷받침해줘야 롱런할 수 있다. 이를 위해 이직 후 초기에 소위 말하는 '나의 사람'을 만들어야 한다.

'나의 사람'을 만드는 것, 말은 참 쉽다. 어떻게 우군을 만들 수 있는가에 대해서는 나도 잘 모르겠다. 사람마다 방법이 각각 다르고 다양하기 때문에 여기서 고정된 법칙을 이야기하는 것은 옳지 않다고 생각한다. 어떤 사람은 술자리를 통해 친해지기도 하고 어떤 사람은 조용조용히 다가가 우군을 만들기도 한다. 나의 성향과 상대방의 성향, 그리고 둘 사이의 '케미'가 맞아야 우군이 만들어진다.

우호적인 관계를 만드는 방법은 잘 모르겠지만 그 원칙에 대해서는 말할 수 있을 것 같다. 우호적인 관계를 만드는 원칙은 '진정성'이다. 어떠한 목적 때문에 그 사람과의 관계를 만들어가는 것이 아니라 내 안에 있는 진심, 그리고 그 진심을 통해 나오는 진정성이 있어야 우호적인 관계를 만들 수 있다. 우호적인 관계는 절대 이해 관계로만 만들어지는 것이 아니다.

나는 그렇게 살갑고 외향적인 성격이 아니라 우호적인 관계를 맺기 어려울 것이라고 생각했다. 하지만 그동안 일했던 곳에는 항상 마음이 통하는 상사와 동료가 있었다. 이들과 우호적인 관계를 형성하는 과정은 너무나 자연스러웠다. 억지로 노력하지 않았는데도 서로 편안한 관계가 형성되었고 편안함 속에서 자연스러운 우정이 싹텄다. 이들과는 이직 후에도 계속 연락을 하며 좋은 관계로 남게 되는 것 같다.

이직을 했다면 주위를 둘러보자. 내가 힘을 빼고 자연인 상태로 있을 때 신뢰할 만한 사람이 있을 것이다. 지위고하를 막론하고 사람으로서 친해질 수 있는 사람, 아무 이야기나 자연스럽게 할 수 있는 사람. 그 사람에게 진정성 있게 다가가 우호적인 관계를 만들어야 한다.

이러한 우군이 있을 때에야 비로소 새로운 회사가 '내 회사'라는 느낌이 들 것이다. 데면데면한 사람들로 둘러쌓인 환경과 한두 명이나마 흉금을 터놓고 이야기할 수 있는 사람이 있는 환경은 다르다. 나를 함부로 판단하지 않고 있는 그대로를 받아주며 신뢰해줄 수 있는 사람이 있는 직장이라면 출근길은 친구를 만나러 가는 마실길이 될 것이다.

이직 후 60~90일
조기에 성과를 내라

퀵윈(Quick Win)이라는 말이 있다. 주로 컨설팅 업계에서 많이 쓰이는 용어인데 '회사에서 해야 하는 일 중 최대한 빨리, 그리고 쉽게 할 수 있는 일'을 말한다. 이직 후 90일 안에 내가 손쉽고 빠르게 성과를 낼 수 있는 퀵윈 실적을 만들어야 존재감을 드러낼 수 있다.

90일 안에 보여줄 수 있는 퀵윈의 효과는 의외로 크다. 왜냐하면 퀵윈은 당신에 대한 좋은 첫인상을 만들고 좋은 첫인상은 재직 기간 동안 수호천사가 되어 따라다닐 것이기 때문이다. 회사의 조직원들은 이성적일 것 같지만 편견에 사로잡힌 사고를 많이 한다. 이러한 편견에 사로잡힌 사고를 형성하는 출발점은 첫인상이다. 이러한 첫인상에 근거한 편견은 나쁜 것이라고 할 수는 없다. 회사에서는 누군가를 면밀히 관찰하고 냉철하게 이성적으로 판단해서 평가를 내릴 만큼 여유 있는 사람은 없기 때문이다. 바쁜 그들에게 사람을 인식하는 가장 효율적인 툴은 첫인상에 근거한 판단이다.

그렇기 때문에 당신에 대한 기대감이 따끈따끈할 처음 90일 안에 좋은 첫인상을 남겨야 한다. 직장생활 초기에 비단길을 깔 것이냐 아니면 자갈길을 깔 것이냐는 이 90일 내의 퀵윈 성패에 달려 있다. 퀵윈은 팩트 기반으로 당신에 대한 이미지를 형성할 수 있는 좋은 수단이다. 동시에 조직에게 보이는 '나도 밥값 정도는 하는 사람이야!'라는 무언의 퍼포먼스라고 할 수 있다.

그렇다면 어떻게 해야 90일 안에 퀵윈 성과를 낼 수 있을까? 첫 단계는 내가 손쉽게 성과를 낼 수 있는 업무를 발굴하는 것이다. 과거 직장에서 해봤던 업무와 유사한 업무, 주변 사람의 도움을 받아 손쉽게 달성할 수 있는 업무, 기존의 자원으로 금방 실행이 가능한 업무들이 퀵윈의 타깃 업무가 될 수 있다.

그 다음 단계는 실행이다. 실행 단계에서는 해당 업무에 대한 오너십을 확실히 하고 당신의 주도하에 업무가 진행되어야 한다. 그래야 그 성과가 당신의 결과물이라는 확실한 도장을 찍게 된다.

마지막으로는 홍보이다. 성공적으로 퀵윈을 실행했다면 적극적으로 사내에 알려야 한다. 그렇다고 대놓고 노골적으로 하라는 것은 아니다. 수줍게, 그러나 분명하게 홍보해야 한다. 해당 퀵윈과 관련된 사람들에게 이메일을 보내면서 성과를 알리고, 나를 도와준 사람들의 노고에 감사해보자. 다른 사람을 칭찬하는 메일이지만 큰 그림은 당신의 성과에 대한 자기 자랑이다. 가령 다음과 같은 메일이다.

"여러분, 드디어 우리 회사의 오랜 숙원이었던 CRM 프로젝트가 완료되었습니다. 이를 위해 2만 건 넘는 고객 프로파일을 정리하신 A과장님, 1달에 걸쳐 데이터 클리닝 작업을 꼼꼼하게 해주신 B대리님, 그리고 이를 시스템으로 오류없이 구현하신 C차장님께 감사의 말씀을 전합니다.

이번에 완료된 CRM 프로젝트는 향후 저희가 고객의 니즈를 미리 파악하고 이를 바탕으로 차별화된 마케팅 전략을 수립하는 데 있어 나침반 역할을 할 예정입니다. 향후에도 보완되어야 할 부분이 많은데 앞으로도 개선 사항에 대한 아이디어가 있으신 분들은 아낌없이 고견을 나눠주시면 감사하겠습니다. 다시 한 번 짧은 기간에 훌륭한 성과를 내주신 분들께 감사의 말씀을 전합니다."

어떠한가? 직접적인 자화자찬은 아니어도 겸손함이 묻어나오는 자뻑(?) 메일이라고 할 수 있다. 이런 식으로 수줍게 그러나 명확하게 당신의 성과에 대해 홍보해야 좋은 인상을 효과적으로 형성할 수 있다.

◆◆◆

지금까지 설명한 이직 후 90일 작전은 내 경험에서 나온 것이다. 이 외에도 몇 가지 더 있지만 이직자들에게 공통적으로 적용될 수 있는 치트키 성격의 작전만 설명했다. 내 경우 이직 후 90일 작전은 굉장히 유용했다. 케이스 스터디 차원에서 내가 이 작전을 어떻게 적용했는지 경험을 공유하려 한다.

내가 글로벌 산업재 회사로 이직했을 때, 내 포지션에 대해 많은 관심과 기대가 있었다. 당시 맡았던 조직은 오랜 리더십 공백으로 힘들었던 상황이었고 회사는 전대미문의 사업 모델 변화로 혼란을 겪고 있었다. 이직을 하자마자 3개월 안으로 사업 개선을 이뤄내야겠다고 마음먹었다. 먼저 월 단위 계획을 세웠다. 첫 1개월은 나에 대한 명확한 소개와 기대치 관리에 집중했다. 거의 매일 임원들, 아시아-태평양 지역 임원들, 팀원들, 같이 일하는 동료들과 30~60분 정도 개인적으로 만나는 시간을 가졌다.

편안한 분위기를 만들기 위해 식사를 하거나 카페에서 커피를 마시면서 개인적으로 대화를 진행했다. 아시아-태평양 지역 임원들과는 어쩔 수 없이 컨퍼런스콜로 대화 시간을 가졌다. 대략 30여 명과 개인적인 대화 시간을 가진 것 같다. 짧은 시간 동안 나에 대한 소개, 상대방에 대한 소개, 상대방이 나에 대해 바라는 점, 상대방이 나에게 해줄 수 있는 조언 위주로 이야기를 했다.

이를 통해 사람들은 내가 누구이고 어떠한 스타일로 일하는지 명확하게 알게 되었고 나에 대해 적정한 수준의 기대를 갖게 되었다. 나는 동료들이 내게 가진 기대 사항들을 명확히 파악할 수 있었다. 이 시간을 통해 내가 알게 된 것은 나에 대한 사람들의 기대 수준이 생각보다 높다는 것이었다. 만일 이런 시간을 갖지 않았다면 오해를 샀을 만한 기대 수준을 가진 분도 있었다. 대화를 하면서 이러한 지나친 기대 수준을 낮출 수 있었다.

대부분의 사람들은 따로 대화 시간을 잡고 서로 편하게 알아가는 시간을 만들어줘서 고맙다고 했다. 이후 인간적으로 친해진 것은 덤이다. 덕분에 나는 첫 1개월 동안 회사에 무난히 적응하며 업무 파악도 훨씬 명확하게 하고 조직 내 역학 관계도 빨리 파악할 수 있었다. 그리고 그동안 회사에서 있었던 이야기를 들으면서 내가 짧은 시간 내에 성과를 낼 수 있는 영역에 대해 어렴풋이 알게 되었다.

둘째 달에 접어들면서 올해 안에 해야 할 일(마스터플랜)을 만들고 이를 관련 직원들과 논의하고 협의했다. 거창하게 이야기하면 일종의 정견 발표였다. 첫째 달에 사람들과 1:1로 만나면서 내가 리더로서 반드시 해야 하는 업무에 대해 어느 정도 정리했고, 이후 내가 해야 하는 업무를 파워포인트에 리스트업하고 회사 내에 이를 발표하기 위한 준비를 했다.

회사가 처한 상황을 보니 내가 해야 하는 주요 과제가 16가지나 되었다. 내부 역량 강화, 프로세스 변경 및 내재화, IT 시스템 고도화, 팀원 사기 진작 등 구체적인 과제로 정의하다 보니 16가지 과제가 나왔다. 각 과제별로 현재 진행 상황, 주요 이슈, 구체적인 액션플랜, 타깃 KPI, 타임라인 등을 명시했고 이를 실행하기 위한 구체적인 실행 계획까지 문서화시켰다. 문서로 만든 이후에 임원진과 다시 개인적으로 만나 커뮤니케이션하며 조정하는 시간을 가졌고 이들의 지원이 필요한 부분에 대해 협조를 요청했다.

둘째 달 마지막 날에는 팀원들과 임원진을 보드룸에 초대해서 팀의 전략에 대해 발표하는 자리를 가졌다. 발표 중에는 내가 파악한 주요 과제들과 앞으로 1년 동안 해야 하는 업무들 그리고 타깃에 대해 설명했다. 그리고 발표가 끝난 후에는 팀원들의 궁금한 사항들을 듣고 답변했다.

군이 이렇게까지 해야 하냐고 반문하는 사람도 있을 것이다. 그러나 이러한 발표 자리에 대한 평가는 매우 긍정적이었다. 어떤 팀원은 5년 넘게 일하면서 우리 팀이 무슨 일을 하는지 한눈에 본적이 없었는데 이번 발표를 통해 명확해졌다고 했다. 임원들은 막연하기만 했던 문제점들이 명확해지고, 이제 하나둘씩 해결이 될 것 같다는 기대를 갖게 되었다.

셋째 달은 빠른 시일 내에 성과를 내기 위해 퀵윈 과제의 조속한 실행에 집중했다. 16가지 과제를 정의하면서 내가 빠른 시간 내에 가시적인 성과를 낼 수 있는 과제들이 보이기 시작했다. 그래서 일부러 이들 과제에 집중하여 셋째 달에 성과를 낼 수 있도록 전력투구했다.

3개월 안에 승부를 보고자 한 것은 성격이 급해서가 아니었다. 적어도 '나'라는 사람이 와서 이슈들이 해결되고 있고 예전과는 일이 다르게 진행되고 있다는 메시지를 주고 싶었다.

더 나아가 이러한 변화의 모습들을 보여주고 싶었던 이유는 팀원들의 동기부여였다. 새로운 리더가 온 이후 무엇인가 다르다는 메시지를 전달해줘야 팀원들이 자발적으로 나를 따를 것이고 같이 일하고 싶다는 마음이 들 것 같았다.

당시 영향력이 크면서도 빠르게 해결할 수 있는 과제는 디지털 캠페인을 통한 제품 시연 기회 창출과 영업-오더 접수-물류센터 간의 프로세스 변경이었다. 이 과제들에는 무엇을 해야 할지에 대한 명확한 안은 있었다. 핵심은 어떻게 실행할 것이냐, 그리고 누구를 움직일 것이냐였다. 빠른 진단을 통해 나는 이 과제들이 오랜 기간 내부 직원들 간의 이해관계 충돌, 변경된 프로세스에 따른 본사 IT 시스템 변경 지연 등의 이유로 진척이 없다고 판단했다. 이러한 진단은 스스로 공부하고 알아낸 것도 있지만 70% 가량은 초기에 했던 1:1 미팅을 통해서 파악한 것들이었다.

문제를 어떻게 해결해야 할지에 대한 생각이 정리가 된 이후에는 바로 실행하기 시작했다. 본사 IT 담당자와 컨퍼런스콜을 통해 어느 프로세스의 IT 시스템을 변경해달라고 지시하고 마감일을 부여했다. 시스템이 개선되자 20가지 케이스를 가정하여 파일럿 테스트를 했고 오류를 잡아나갔다. 또한 이해관계자들의 조율이 필요한 안건의 경우, 이해관계자들을 모두 불러 장시간 토론을 하면서 합의안을 도출하고 각자의 액션플랜을 정의했다. 이런 식으로 실행에 집중한 결과, 오랜 기간 진척이 없던 과제들을 한 달 안에 깔끔하게 해결할 수 있었다.

이렇게 펼친 내 90일 작전은 성공적이었다. 한국 및 아시아-태평양 지역 임원들은 나를 전적으로 신뢰하기 시작했고 주요 현안에 나를 참여시켰다. 팀원들은 우리 팀이 조직에서 보호받는다는 느낌을 갖게 되었고 일상 업무에서 개선되는 부분이 눈에 보이니 사기가 진작되었다. 건너서 들은 얘기로는 타 부서 사람들이 나를 두고 '간만에 회사가 사람을 제대로 뽑았다'고 말했다고 했다.

이렇게 90일이 지나니 일이 편해지기 시작했다. 뭔가 모르게 유리한 고지를 선점하고 느긋하게 일을 즐기고 있다는 느낌이 들었다. 어떤 사람은 굳이 그렇게까지 피곤하게 살 필요가 있냐고 반문할 수도 있다. 맞는 지적일 수 있다. 이직 적응 자체도 힘든데 굳이 그렇게까지 전투하듯이 살 필요는 없는 것이니까. 하지만 이 말은 꼭 해주고 싶다.

"딱 90일만 적극적으로 살아보면 90일 이후의 직장생활이 편해질 것이다."

이직 후 90일 플랜 체크리스트

시기	할일 리스트	달성 여부
0~30일 내가 누구인지 알리기	• • • • • •	
0~45일 주어진 기대치 확인 & 관리	• • • • • •	
10~30일 사내 절차 및 프로세스 숙지	• • • • • •	

시기	할일 리스트	달성 여부
30~60일 조직 내 역학 관계 파악	• • • • • • •	
30~90일 회사 내 우호적인 관계 쌓기	• • • • • • •	
60~90일 조기에 성과 내기	• • • • • • •	

우리는 살아가면서 많은 선택을 합니다. 크게는 학교, 배우자, 직장, 기업의 전략에 대한 선택을 하고 소소하게는 점심 메뉴, 퇴근길 교통 수단, 출근길 구두, 향수에 대한 선택을 합니다.

전략가로서 저는 많은 선택을 해야 하는 자리에 있습니다. 어려운 문제일수록 깊이 고민하다 보면 이런 생각이 듭니다.

"과연 옳은 선택이라는 것이 있을까? 옳은 선택, 잘못된 선택이라는 것은 결과일 뿐이지 선택의 순간에는 옳다, 그르다라고 판단하는 것 자체가 불가능한 것 아닐까?"

이직에 대한 선택도 마찬가지인 것 같습니다. 직장, 부서, 직급, 연봉 등 선택지마다 정답은 없습니다. 왜냐하면 선택의 순간에는 옳다, 그르다의 판단이 무의미하기 때문이죠. 그렇다면 왜 이 책에서는 선택에 대한 장황한 잔소리를 했을까요?

설명을 드리기 위해 잠시 그림 이야기를 하겠습니다.

인상주의 화가 모네는 그림을 선으로 그리지 않고 점으로(붓 터치) 그린 것으로 유명합니다. 모네가 살았던 지베르니(Giverny)에 가면 지금도 인상주의 방식에 따라 그림을 그리는 화가들을 볼 수 있습니다. 초반에는 붓 터치하는 모습을 보면 솔직히 "그림을 망쳤구나"라는 생각이 듭니다. 하지만 70% 시점을 지나면서 망친 것 같은 그림이 아주 멋있게 변화합니다. 섬세한 붓 터치와 점을 찍어서 그림이 완성되면 붓 터치 하나 하나가 주는 감동을 느끼게 됩니다.

이직에 대한 선택을 붓 터치라고 비유한다면 그 점들이 모여서 이루는 선과 모양은 '커리어'로 비유할 수 있습니다. 붓 터치를 찍을 때, 머리속으로 그리고자 하는 그림의 모습을 생각하면서 붓 터치를 하는 것과 아닌 것과는 큰 차이가 있습니다. 아무렇게나 붓 터치를 하게 되면 낙서가 되고 전체 그림의 모양과 느낌을 생각하며 점을 찍으면 작품이 됩니다.

우리가 이직에 대한 선택을 통해 커리어의 그림을 그리는 것은 인상주의 화가가 그림을 그리는 원리와 비슷합니다. 그려가고자 하는 커리어의 큰 그림을 머릿속으로 생각하면서 점과 선을 그리는 것과 아닌 것과는 그 결과에 있어 큰 차이를 보입니다.

지금까지 이직에 관해 길다면 긴 설명을 한 것도 이직에 대한 선택들이 모여서 독자 분들이 의미있는 커리어를 만들었으면 하는 바람에서였습니다.

복습을 하자면 커리어 라이프 사이클을 통해서 커리어 시기마다 그려야 하는 선들이 다르다는 것에 대해서 이야기했습니다. 그리고 이직 시 고려해야 하는 3가지를 살펴보면서 의미있는 점을 찍는 법에 대해서 살펴봤습니다. 그 이후로 이력서, 커버레터 쓰기, 면접 비법을 통해 그동안 내가 그려왔던 선에 대해서 효과적으로 커뮤니케이션하는 방법, 그리고 연봉협상을 통해 내가 그려왔던 선에 대해 최대한으로 인정받는 법에 대해 배웠습니다.

이 책이 여러분들께서 의미있는 커리어를 만드시는 데에 도움이 되었으면 좋겠습니다. 몇 번의 붓 터치만으로는 명작을 만들 수 없습니다. 큰 그림을 생각하며 의미있는 붓 터치를 하셨으면 좋겠습니다.

다시 한 번 이야기하지만 사전에 정해진 옳은 선택이란 없습니다. 의미 있는 그림을 그리기 위해 붓을 야무지게 쥐고 오브제를 보며 붓 터치를 할 때 우리의 선택들은 명작을 그려가고 있을 것입니다.

의미 있는 커리어를 만들고자 하는 과정이 쉽지는 않습니다. 때로는 실패라고 느껴질 때가 있고 좌절할 때도 있고 후회할 때도 있습니다. 그럼에도 불구하고 의미있는 커리어를 만들고 싶은 분들에게 다음 노래 가사로 위로해드리고 싶습니다.

이 노래 가사로 긴 이야기를 마무리하도록 하겠습니다.

그래 난 잘할 거라 생각해

다 잘될 거라 생각해

내 물음표를 느낌표로 멋지게 바꿀게

난 당당하게 살 테니까 난 한 걸음 더 갈 테니까

날 지켜봐줘 더 나은 내 내일아

숨가쁜 오늘도 한참을 떠돌다

답답한 마음이 가득 차올라 한숨을 떨군다

바로 그 때 갈 곳 없이 헤매던 내 눈길이 멈춘 곳은

결국 여기 내 발끝 나 걸어온 흔적

난 나름대로 괜찮은 선택을 해왔어

흔들리고 때론 넘어질 순 있어도 내 마음을 믿어

그래 그거잖아

난 잘할 거라 생각해

다 잘될 거라 생각해

세상이 던진 물음표에 당당히 맞설게

난 힘들어도 갈 테니까 난 한 걸음 더 갈 테니까

날 지켜봐줘 더 나은 내 내일아

— 스윗소로우 〈다 잘될 거라 생각해〉 중